HELGA PRAŽAK

WAS MACHST DU JETZT?

Vom Vergnügen in der Pension
und der Verantwortung
für ein vitales und glückliches Alter

BUCH SCHMIEDE

Autorin: Dr. Helga Pražak-Reisinger
Umschlaggestaltung: Felix Pražak, Julia Löffler
Foto: Felix Pražak
Lektorat: Dodo Kresse

Verlag: Buchschmiede von Dataform Media GmbH, Wien
ISBN 978-3-99093-105-9 (Paperback)
ISBN 978-3-99093-106-6 (e-Book)
Printed in Austria

INHALT

VORWORT

Liebe Leserin, lieber Leser,

ich lade Sie ein, mit mir gemeinsam mein erstes Jahr nach dem Ausscheiden aus dem aktiven Berufsleben zu erleben. Es sind sehr persönliche Erfahrungen und Gedanken, die ich hier festgehalten habe.

Mit diesem Buch möchte ich Sie mit meinen Ideen über den nächsten großen Lebensabschnitt inspirieren, den ich inzwischen „Freiheit & Erfüllung" nenne. Selbst wenn man sich darauf vorbereitet, es kommen viele überraschende Erfahrungen auf einen zu und es ist bis zu einem gewissen Grad auch herausfordernd, diese neue Freiheit zu erleben und zu gestalten. Für mich hat dieser Zeitpunkt eine ähnliche Tragweite, wie die persönlichen Zwanziger, in denen wir sowohl den beruflichen wie auch den privaten Weg für die kommenden Jahrzehnte gewählt haben. Genau genommen ist die Zeit von dreißig bis sechzig genau so lange, wie jene von sechzig bis neunzig! Was wir in diesen dreißig Jahren alles erlebt und geschaffen haben, lässt für die kommenden Jahrzehnte ebenso eine Fülle von Neuem erwarten, wenn wir es richtig angehen.

Das Buch enthält viele überraschende Alltagssituationen. Es geht mir hier aber auch um ganz essentielle Fragen, wie zum Beispiel, ob wir das Alter als Schicksal betrachten und uns wie ein Passagier treiben lassen, oder sehen wir es als Krönung des Lebens, die wir selbst mitgestalten und in der wir Erfahrung mit Weisheit erleben und weitergeben können.

Diese Entscheidung liegt einzig und alleine bei uns. Wir tragen die Verantwortung für uns selbst!

Was ist mein Bild vom Alt-werden? Was ist in diesem neuen Lebensabschnitt wichtig? Wie organisiere ich mich? Wer begleitet mich auf meinem neuen Weg und wen begleite ich? Wie liebe ich meinen Körper, der alle möglichen Veränderungen durchläuft? Wie lebe ich so, dass ich maximal zufrieden damit bin? Heute ist es nicht mehr wichtig, den besten Job zu bekommen oder um Anerkennung zu kämpfen. Es geht um viel tiefere Einsichten und innere Reichtümer. All das kann sich ab jetzt entfalten. Das Tor zu einem neuen Lebensabschnitt ist offen – den Weg können nur wir selbst wählen. Genau darüber will ich hier schreiben.

Ich habe dieses Jahr rundum genossen und es hat mir in vielerlei Hinsicht völlig neue Einsichten über mich selbst gebracht. Weil es offensichtlich keine Zufälle gibt, sondern nur Synchronizitäten[I], hatte ich die Gelegenheit, einen Arbeitskreis zum Thema „Wie werden wir vital und glücklich alt" gemeinsam mit Ärzten, Psychotherapeuten und Energetikern zu leiten. Dieser Arbeitskreis war eine Quelle an Inspiration und auch diese Ergebnisse und Einsichten werde ich hier einfließen lassen.

Die häufigste Frage, die mir in diesem Jahr begegnet ist, war: **„Was machst du jetzt?"** Deshalb habe ich diese Frage als Titel für dieses Buch gewählt. Aus meinen Gesprächen mit so vielen anderen, die in der gleichen Situation sind, habe ich herausgehört, dass sehr viele Menschen in meinem Alter ihren neuen Weg suchen. Das trifft besonders auf all jene zu, die ihr gesamtes Berufsleben in unselbständigen Berufen verbracht haben und jetzt aus diesen Organisationen ausscheiden. Von Selbständigen oder Freiberuflern habe ich erfahren, dass die Umstellung nicht ganz so groß ist, weil sie auch bisher schon viel mehr Spielraum hatten und nicht so sehr von außen bestimmt wurden. Auch haben jene die Möglichkeit, ihren Beruf nach eigenem Wunsch noch weiter fortsetzen zu können.

Bewusst ist dieses Buch KEIN RATGEBER geworden, etwa wie man in fünf Schritten zu einem vitalen und glücklichen Alter kommen könnte. Das wäre angesichts der vielen individuellen Geschichten und Situationen völlig unsinnig. Es enthält auch keine Anleitungen für Methoden, die anzuwenden sind, obwohl ich immer wieder auf solche referenziere. Mein Buch soll vielmehr EIN ANREGER sein, aus dem Sie, liebe Leserin oder lieber Leser, das herausnehmen können, was sie berührt.

Es ist mein Weg, den ich hier beschreibe. Für mich war es wichtig, zu reflektieren, was mit mir in dieser wichtigen Zeit meines Lebens passiert. Welche Gedanken mir durch den Kopf gehen und welche Ideen ich habe. Nach dem Ausscheiden als Managerin aus einem großen Konzern habe ich zu Beginn meine neue Freiheit in vollem Umfang erfahren und war von dem Ausmaß an Selbstbestimmung fasziniert. Dadurch ergibt sich ein völlig neues Zeitgefühl und neue Wege tun sich auf. Bis zu einem gewissen Grad muss man sich ganz neu erfinden.

Mir gab dieses Jahr auch die Gelegenheit, mich noch intensiver mit den Themen Energetik, Quantenphilosophie und vielen neuen wissenschaftlichen Erkenntnissen, wie wir durch unsere Einstellung und Gedanken unseren Körper sowie unsere Realität beeinflussen können, auseinanderzusetzen. Diese Aspekte scheinen mir als Voraussetzung für ein vitales und glückliches Alter essentiell zu sein. Je mehr ich mich damit beschäftigt habe, desto klarer ist mein Bild für die vor mir liegenden neuen Verantwortungen und Aufgaben geworden. All das habe ich ebenfalls hier festgehalten.

Aus den vielen Gesprächen mit Freunden, die an derselben Schwelle stehen, habe ich zusätzlich eine Menge vieler unterschiedlicher Ideen und Erfahrungen mitgenommen, wie man diesen neuen Lebensabschnitt mit Aufgaben und Inhalt erfüllen kann. Sie finden daher auf den kommenden Seiten auch viele verschiedene Beispiele.

Ich würde mich freuen, wenn Sie dieses Buch zu neuen Einsichten anregt und Sie vieles ausprobieren, um Ihren ganz persönlichen, großartigen Weg zu finden.

Wir sind eine neue Generation von Senioren. Wir haben die Verantwortung und die Möglichkeiten uns selber, unseren Kindern und der Gesellschaft sehr viel zu geben. Vor allem aber, unser Bestes dazu beizutragen, dass wir vital und glücklich alt werden.

MAI

Ich war 56 Jahre im Halbinternat

Es ist Mittwoch, der 2. Mai, und die Sonne scheint. Vor zwei Tagen habe ich meinen letzten Job als Angestellte mit einer kleinen, netten Feier mit meinen Kollegen beendet. Ich habe diesen Job sehr gemocht und war gerne in dieser Firma, er ist mir ja auch vor etwas mehr als einem Jahr wie ein Geschenk zugefallen. Damals sollte ich aus Sicht jenes Unternehmens, in dem ich 30 Jahre lang gearbeitet habe, „endlich" in Pension[2] gehen. In Österreich verwenden wir den Begriff Pension für alle Arten von Rente oder Ruhestand. Den Jahren entsprechend war ich mit 62 schon längst überfällig und man hat mir unmissverständlich klargemacht, dass es an der Zeit sei, meinen „wohlverdienten Ruhestand" anzutreten.

Ruhestand mit 62? Was für ein merkwürdiger Gedanke! Allerdings kam diese Aufforderung nicht so überraschend, denn ich hatte mich schon einige Zeit damit auseinandergesetzt, dass jetzt ein neuer Lebensabschnitt ansteht. Es war trotzdem ein langer, innerlicher Abschied mit sehr gemischten Gefühlen, von einem Unternehmen, in dem ich viele Jahrzehnte mitgewirkt habe und das ich zu einem guten Teil auch mitgeprägt habe. Es war über weite Strecken mein Traumjob und ich hatte das große Glück, ihn über all die Jahre selber gestalten zu können. Viele Jahre war ich in diesem internationalen Konzern der Energiebranche zuständig für HSSE Health-Safety-Security & Environment (Gesundheit, Sicherheit, Security und Umweltschutz). Das war eine schöne, sehr abwechslungsreiche Aufgabe, konnte aber manchmal auch richtig fordernd sein. Ganz abgesehen vom Alltagsstress. Dieses Unternehmen war wie ein zweites Zuhause, ich habe ja auch einen Großteil meiner Zeit dort verbracht. Und dort sollte ich nicht mehr hingehen? Es fühlte sich an, als würde ich in ein anderes Land übersiedeln, um neu anzufangen.

Das Schicksal hatte daher wohl ein Einsehen mit mir, denn einen Monat vor dem ominösen „letzten Tag" fragte mich, wie aus heiterem Himmel, die Department Managerin eines großen Forschungsunternehmens: „Wollen Sie nicht zu uns kommen? Ich könnte Sie, mit Ihrer langjährigen Erfahrung und Seniorität, gerade jetzt zur Unterstützung meines Teams gut brauchen. Wann fangen Sie an? In einem Monat?"

Wundervoll! Pension war erst einmal aufgeschoben!

Dieses zusätzliche Berufsjahr war eine Bereicherung in jedem Sinne. Noch einmal etwas ganz Anderes in einer ganz anderen Umgebung und Unternehmenskultur machen zu dürfen! Ich hatte großartige Kollegen und leitete ein wirklich zukunftsweisendes Projekt im Bereich erneuerbarer Energien. Herz, was willst du mehr? Außerdem habe ich meine Arbeitszeit auf drei Tage reduziert und so einen Vorgeschmack bekommen, wie es wäre, mehr Zeit zu haben. Aber ganz, ganz langsam hat sich etwas eingeschlichen, mit dem ich nicht gerechnet hatte. Zunehmend machte mir der operative Teil der Arbeit, also endlose Verträge zu konzipieren und zu verhandeln, Meetings zu organisieren und all der bürokratische Alltag, weniger und weniger Freude. Das, was ich über Jahre gemacht hatte, brachte mir plötzlich zu wenig Befriedigung. Die inhaltliche und strategische Arbeit ist ja nur ein kleiner Teil des Alltags. Offensichtlich war sich mein Inneres bewusst, dass es Zeit wird, mich mit neuen Dingen zu befassen, die mir ein ganz persönliches Anliegen sind.

Ich sitze also heute am 2. Mai auf meiner Terrasse in der Sonne und es fühlt sich wie Urlaub an. Zu Hause haben wir allerdings fast nie Urlaub gemacht, sondern sind immer irgendwohin gefahren. Sagen wir also lieber, es fühlte sich an wie ein Feiertag. Stimmt auch nicht, denn um mich herum ist viel mehr Lärm und Leben als an einem Feiertag. Ich muss etwas unternehmen! Ich muss begreifen, dass ich frei habe – an einem ganz normalen Arbeitstag, heute und ab jetzt immer, wenn ich will. Was für ein merkwürdiger Gedanke!

Ich schnappe mein Fahrrad und starte Richtung Wiener Innenstadt. Ich habe keine Ahnung, wohin ich fahren werde, und vor allem habe ich keine Absicht, irgendetwas zu kaufen oder zu tun. Im Grunde will ich einfach nur mit dem Rad durch die Gegend fahren. Der Radweg von unserer Wohnung in die Innenstadt führt den Donaukanal entlang und ist daher entspannt und wunderschön zu fahren. Ich versuche, mir all das bewusst zu machen, was mich umgibt, den blauen Himmel, die Sonne, die paar Leute am Weg, das Schiff auf dem Kanal, und ich genieße es in vollen Zügen.

Als ich in die Innenstadt komme, wird es etwas hektischer. Was um alles in der Welt machen diese vielen Leute hier? Was machen diese vielen anderen Radfahrer? Ich war noch nie an einem Mittwochvormittag einfach nur in der Stadt! Ich war im Büro! Ich schlängele mich weiter durch, die Ringstraße entlang bis zur Staatsoper. Es ist voll hier.

Gut, es sind hauptsächlich Touristen. Wien ist eine wunderschöne Stadt und ich verstehe, dass viele Menschen aus der ganzen Welt kommen, um sie zu besichtigen. Der Monat Mai ist auch eine hervorragende Zeit dafür. Ich lasse mein Rad stehen und gehe durch die Fußgängerzone, durch die Menschenmassen. Obwohl ich gar nichts kaufen will, zieht es mich in das eine oder andere Geschäft. Auch hier jede Menge von Personen, Frauen und Männer jeder Altersgruppe.

Ich bin verwirrt, setze mich in ein Café und denke nach. Es fühlt sich so an, als wäre ich gerade aus einem Internat ausgebrochen. Wie Schule schwänzen! Ein „Halbinternat", in dem ich 56 Jahre jeden Tag, außer Wochenende und Urlaub, verbracht habe. Zuerst war es die Schule, dann das Studium, das bei uns eher schulischen Charakter mit vielen Laborpraktiken hatte, dann der Job, der weit über „Nine to Five" hinausging. Mit Halbinternat meine ich diese Struktur, diese Anwesenheitspflicht. Eine bestimme Zeit lang an einem bestimmten Ort wegen einer bestimmten Tätigkeit oder Arbeit sein zu müssen.

Plötzlich ist mir klar, dass ich seit meinem 6. Geburtstag nie an einem Mittwochvormittag in der Stadt war, um nichts zu tun. Es fühlt sich einerseits großartig an, andererseits bin ich fast etwas verlegen und habe nahezu ein schlechtes Gewissen, dass ich hier bin. Gleichzeitig schießt mir die Frage durch den Kopf: Warum sind diese vielen Menschen nicht auch im Halbinternat? Habe ich da etwas falsch gemacht?

Egal. Ich mache Fotos mit meinem Handy, um diesen Augenblick festzuhalten und genieße die entspannte und quirlige Atmosphäre meines ersten Tags in einer neuen Freiheit.

Wie im Urlaub

Das schönste an diesen ersten Tagen ist die Zeit nach dem Aufstehen. Die Zeit zwischen dem Aufstehen, Tee und Kaffee trinken bis zum späten Vormittag gehört jetzt einfach nur mir. Was für ein Luxus! Ich habe immer schon gerne Bewegung gemacht, beziehungsweise bin ich meistens mit dem Rad zur Arbeit gefahren, aber jetzt habe ich die Möglichkeit mir auszusuchen, was ich gerne machen möchte. Das Wetter in den letzten Tagen war einfach prächtig. Daher laufe ich gleich in der Früh hinunter zur Donau und den Treppelweg entlang bis zum Kahlenbergerdorf und zurück. Das dauert eine knappe Stunde. Bisher bin ich hier noch nie gelaufen. Warum eigentlich nicht? Es ist wundervoll, wenn das Licht auf der Donau glitzert, der Wind leicht weht und der Himmel strahlend blau ist. Ich laufe ganz langsam, denn meine Kondition ist noch verbesserungswürdig. So jogge ich den Fluss entlang, vorbei an den Flusskreuzfahrtschiffen, vorbei an den vielen Touristen, die vor den Bussen darauf warten, zu Sehenswürdigkeiten geführt zu werden. Die Stimmung erinnert mich an den Süden, wie irgendwo am Meer, in jedem Fall aber: es fühlt sich an wie Urlaub.

Wenn ich so die Donau entlanglaufe, kann ich mein Glück kaum fassen, dass ich das tatsächlich Tag für Tag machen darf. Einfach nur laufen. Total verschwitzt und glücklich komme ich nach Hause und genieße den Kaffee mit meinem Mann. Er kennt das Gefühl schon länger, weil er seit Jahren sein Büro zu Hause hat, und er beobachtet verschmitzt und mit sehr viel Feingefühl meine ersten Schritte in meine neue Freiheit. Er ist auch geduldig, wenn ich ihn immer wieder und wieder mit meinen neuen Eindrücken überschütte.

Er hat sich in den letzten Jahren im Rahmen von ehrenamtlichen Tätigkeiten engagiert und geht jetzt vollkommen darin auf, als Kurator in einem Museum zu arbeiten. Zusätzlich fertigt er zu Hause komplizierte Modelle für dieses Museum an, sodass sein Arbeitszimmer zur Modellbauwerkstatt erweitert wurde. Mein Mann hat inzwischen seinen Platz in der Pension gefunden, er ist nicht mehr auf Urlaub!

Ist eigentlich jeden Tag schönes Wetter?

Kommt es mir nur so vor oder ist es tatsächlich so? Ich habe den Eindruck, es ist immer schönes Wetter. Seit Jahren stehen wir in der Früh auf und das erste, was wir machen, ist den Computer zu befragen, wie das Wetter wird. Das war wichtig, damit wir das Richtige anziehen. Vor allem war es für die Entscheidung wichtig, ob ich mit dem Rad ins Büro fahren kann, oder ob Regen und Sturm angesagt wurde und ich daher lieber die Straßenbahn nehme. Das Wetter bestand aus zwei kurzen, definierten Zeitfenstern in der Früh und am Abend. Aber jetzt scheint die Sonne nicht nur in der Früh, manchmal scheint sie den ganzen Tag, manchmal auch nur am Nachmittag, zwischendurch. Und ich kann mich mit meinen Aktivitäten danach richten!

Mir wird klar, dass ich das Wetter, ob schön oder schlecht, in dem Moment ausgeblendet habe, sobald ich das Foyer der

Firma betrat. So als hätte ich das Wetter beim Portier abgegeben, um es dort zu parken und vor dem Nachhause gehen wieder abzuholen. Danach lag mein ganzer Fokus auf all dem, was heute zu erledigen war. Da änderten auch die zimmerhohen Fenster unseres Großraumbüros nichts daran. Wenn die Sonne zu stark schien, mussten wir alle Sonnenblenden herunterlassen und saßen im abgedunkelten Raum. Manche der Meeting-Räume waren innen gelegen und hatten überhaupt kein Tageslicht. Die Klimaanlage tat das ihre, uns vergessen zu lassen, dass es Sommer war. Selbst an heißen Tagen musste ich immer eine leichte Jacke mitnehmen, um nicht zu frieren. Das, was sich draußen abspielte, war ausgeblendet. Sehr selten, wenn sich etwas Spektakuläres am Himmel ereignete, wie zum Beispiel ein Gewitter, das sich über der Stadt zusammenbraute und dann sintflutartig auf die Häuser ergoss, oder wenn der Abendhimmel so intensiv schön war, haben wir für einen Moment unsere Arbeit vergessen und uns das Schauspiel angesehen. Aber abgesehen von diesen wenigen Momenten, spielte das Wetter Jahrzehnte lang unter der Woche keine Rolle und war auf das Wochenende verbannt. Doch jetzt sitze ich auf der Terrasse und genieße den Blick ins Freie, während ich diese Zeilen schreibe. Ich könnte jederzeit aufstehen und mich in die Sonne legen. Ist eigentlich immer schönes Wetter?

Treffen wir uns? Alte und neue Freundschaften

Eine meiner großen Sorgen war es, dass ich keine Leute mehr treffen und keine Anregungen mehr bekommen würde, wenn ich einmal in Pension bin. Ich hatte es während meines Berufsalltages mit sehr vielen Leuten zu tun, mit meinen eigenen Mitarbeitern, Kollegen, Chefs, Partnern oder wildfremden Leuten, die ich auf Kongressen kennengelernt habe. Schließlich sind aus einigen dieser Beziehungen über die Jahre auch Freundschaften entstanden, weil wir uns oft mehrfach während eines Tages über den Weg gelaufen sind. Die meisten Kontakte waren zwangsläufig vorgegeben, weil wir in gewissen Konstellationen zusammengearbeitet haben.

Ich hatte wirklich viel Glück und fast immer sehr nette Leute um mich, mit denen ich mich gut verstanden habe oder mich austauschen konnte. Einige, zugegeben, waren nicht ganz auf meiner Linie und das hat mich teilweise viel Kraft und Energie gekostet. Aber rückblickend waren es genau diese Personen, von denen ich besonders viel über mich selbst gelernt habe und profitierte, einfach, weil ich mich damit auseinandersetzen musste. Sie haben wesentlich zu meiner persönlichen Entwicklung beigetragen.

In einem großen Unternehmen ist es einfach, Kontakt zu halten. Ein kurzer Anruf genügt, damit man sich zum Mittagessen in der Kantine verabredet oder kurz mal auf einen Kaffee geht. Daher war meine Sorge groß, ob ich mich daheim einsam fühlen würde. Ich liebe meinen Mann und wir machen vieles gemeinsam. Aber würde mir das genügen?

Es kam ganz anders. Alleine durch die unterschiedlichen Social-Media-Plattformen gibt es unendlich viele Möglichkeiten in Kontakt zu bleiben. Man mag darüber denken wie man will, für mich war das bereits in den Monaten bevor ich mich von meiner Firma verabschiedete, wie ein Anker. Heute setzt sich etwa mein Facebook-Netzwerk aus meinem Freundeskreis sowie vielen ehemaligen Arbeitskollegen zusammen, die mir wirklich etwas bedeuten. Ich bin keine wahllose Sammlerin und es ist mir egal, wie viele Adressen ich habe. Mir geht es darum, mit lieben, interessanten Menschen in Kontakt zu bleiben. Das geht mit dieser Plattform einfach besonders gut und leicht. Ich erfahre durch Fotos oder kurze Statements die Highlights, die meine Freunde teilen wollen. Ich nehme Anteil an ihrer Entwicklung, etwa der Geburt einer Tochter, einer Reise, einer Veranstaltung, die ihnen gefallen hat oder an sportlichen Leistungen und freue mich mit ihnen. Erst vor kurzem war ich zu Besuch in meiner alten Firma und einer meiner Ex-Kollegen kreuzte meinen Weg. Dank Facebook waren wir beide auf dem Laufenden. Ich fragte ihn nach seiner Reise durch den Oman und er sprach mich auf eine Artikelserie über Energetik an, die ich publiziert habe. Herrlich! Es war, als würden wir uns tatsächlich immer wieder über den Weg laufen.

Es ist überraschend, wie vielen Menschen ich jetzt begegne. Zugegeben, man muss sich schon dahinter setzen und aktiv werden. Ohne Eigeninitiative geht nichts. Aber ich bin begeistert, wie viele Leute ich in den wenigen Wochen, seit ich zu Hause bin, bereits getroffen habe. Teilweise sind es alte Bekannte, teilweise ganz neue Personen, die überraschend in mein Leben getreten sind und die ich näher kennenlernen möchte. Vor kurzem ist mir eine Dame bei einer Veranstaltung begegnet. Ich habe sie zum ersten Mal gesehen und wir wussten sofort: Es wäre interessant, mehr voneinander zu erfahren. So treffe ich mich nächste Woche mit einer mir völlig fremden Frau in meinem Alter, die sich, wie ich, auf die Suche nach einem neuen Aufgabengebiet macht.

Im Job war es selbstverständlich, jemanden zu kontaktieren und ein Gespräch anzubahnen. *Cold calls* nannten wir das.

Man ruft jemanden an und überfällt ihn mit einer Frage. Das war kein Problem und überdies stand die gesamte Autorität der Firma dahinter. In solchen Fällen sprach ich ja nicht für mich selbst, sondern sprach in meiner Rolle als Managerin. Jetzt ist das anders. Alles, was ich mache, geschieht aus reiner Eigeninitiative und nur für mich. Zu Beginn hatte ich etwas Sorge, dass ich Personen, speziell, wenn sie noch im Berufsleben sind, doch nicht auf die Nerven gehen kann, nur, weil ich jetzt Zeit und Bedarf nach Begegnungen habe. Aber ja, klar geht das! Meine Erfahrung ist, dass viele sich genau darüber freuen, weil sie selbst nicht initiativ werden müssen. Es ist auch spannend, völlig unbekannte Personen anzuschreiben und Kontakt aufzunehmen, von denen ich auf guten Foren, interessanten Blogs oder in Artikeln lese. Nicht alle antworten, aber das war doch früher im Job ebenso.

Und was kommt jetzt?

Viele meiner Freunde sind im gleichen Alter und machen gerade eine ähnliche Entwicklung durch wie ich. Sie sind auf der Suche, was jetzt kommt. All das Wissen und die Erfahrungen aus unseren Jobs und viele Menschen sind nicht mehr Bestandteil des Alltags. Natürlich legen wir dieses Wissen nicht ab, es ist ja auch ein wesentlicher Schatz, den wir gesammelt haben und der uns ausmacht. Aber für den neuen Alltag spielt es keine Rolle mehr. Es müssen jetzt neue Themen und neue Rituale Einzug halten, die ihn ausfüllen.

Unsere Freunde gehen ganz unterschiedlich damit um. Einige stürzen sich in exzessiven Sport, radeln hunderte Kilometer, andere gehen wochenlang Schifahren oder finden Freude am Renovieren ihres Hauses. Andere haben bereits

Enkelkinder und verbringen viel Zeit mit ihnen und wieder andere machen neue Ausbildungen. Ganz wenige behalten ihre Arbeit bis ins hohe Alter. Es sind meistens jene, die ihr Leben lang selbständig waren beziehungsweise ihr Unternehmen selbst geschaffen haben. Eine neue Arbeit als Angestellter hat eigentlich keiner mehr, schon gar nicht eine Vollzeitbeschäftigung.

Ich recherchiere zu diesem Thema und finde eine Menge an Literatur und Anregungen, wie man sich bestmöglich auf die Pension vorbereiten kann. Vielfach ist von Pensionsschock die Rede und von einem Loch, in das die Personen fallen, weil sie sich nicht ausreichend mit dem Übergang beschäftigt haben. Es gibt Seminare und Kurse dazu und es wird empfohlen, bereits fünf oder besser zehn Jahre vor der Pensionierung damit zu beginnen einen Plan zu machen. Ich finde bei meinen Recherchen drei unterschiedliche Typen von Ruheständlern, die sogenannten Vermeider, die Übermotivierten und die Realisten. Vermeider lassen die Pension völlig ungeplant auf sich zukommen und schalten erst einmal ab. Das sind meistens Menschen, die viel gearbeitet und sich über ihre Arbeit definiert haben. Nach der ersten Entspannung, häufig verbunden mit einem langen Urlaub, kommt dann meist die unausweichliche Erkenntnis, dass man nicht mehr an den gewohnten Arbeitsplatz zurückkehren wird und dort ersetzt wurde. Dann starten diese Vermeider schnell neue Projekte, um das Vakuum zu füllen. Bei den sogenannten Übermotivierten beginnt der Aktionismus direkt nach dem Eintritt in die Pension. Sie wollen im Ruhestand alles machen, was sie vorher nicht machen konnten: Motorrad fahren, Fotografieren oder den Jagdschein machen und vor allem lange und viel reisen. Doch auch dieser Plan, sich mit all den neuen Möglichkeiten vom Berufsende ablenken zu können, geht nicht immer auf. Enttäuschung macht sich manchmal auch bei ihnen breit, wenn, wie beim Vermeider, die Erkenntnis kommt, dass man nicht mehr gebraucht wird. Am besten, so die allgemeine Meinung, dürfte es den Realisten gehen. Sie beginnen bereits während ihrer Berufstätigkeit sich in sozialen Projekten oder Vereinen oder sonst wo zu engagieren und haben eine Struktur für die Zeit nach dem Beruf aufgebaut. Mir fehlt bei dieser Beschreibung der Typ des neugierigen Optimisten, bei dem es nicht nur um die bestmögliche Aktivität geht, sondern ganz besonders um die eigene positive Entwicklung. Dazu gehört ein gewisses Maß an Flow, in den man sich begeben kann, um den besten persönlichen Weg zu finden, kombiniert mit interessanten Tätigkeiten und Ausbildung, die zu tieferen persönlichen Erkenntnissen und persönliches Wachstum führt.

Viele der Psychologen waren sich allerdings einig, dass eine Ruhephase nach dem Ausstieg notwendig ist. Diese Auszeit ist wichtig, auch um mit dem bisherigen Berufsleben bewusst abzuschließen.

Mich erinnert diese Zeit irgendwie an meine Karenz, also die Elternzeit nach der Geburt meines Sohnes. In der Schwangerschaft hatte ich neun Monate Zeit, um mich konkret mit der Idee auseinanderzusetzen, wie es sein wird, Mutter zu sein, ein Kind zu haben und in eine völlig neue Lebensphase einzutreten. Mit dem Gedanken habe ich mich natürlich bereits schon viel früher befasst, aber richtig konkret wurde es in der Schwangerschaft. Ich habe jede Menge Bücher gelesen, mich mit anderen Müttern ausgetauscht und Organisatorisches geplant, wie etwa in eine größere Wohnung zu ziehen und mit meinem Arbeitgeber zu vereinbaren, wie und wann ich wieder zurückkehren werde. Ich erinnere mich noch genau, als mich mein Chef damals gefragt hat: „Wie stellen sie sich ihre weitere Karriere vor?“ Eine legitime Frage von seiner Seite her und natürlich hatte ich einen rationalen Plan, aber ich hatte null Ahnung, wie es sich anfühlen wird Mutter zu sein und wie das meine Pläne beeinflussen wird. Mir war auch klar, dass ich mich dieser neuen Aufgabe erst einmal ganz widmen möchte und dass ich eine intensive Beziehung zu einem Wesen aufbauen möchte, das ich noch nicht einmal kenne. All das musste sich entwickeln und hing nur sehr oberflächlich von meiner organisatorischen Planung ab. Deshalb erinnert mich meine jetzige Phase an meine Karenz. Ich bin vorbereitet, habe Pläne und weiß trotzdem, dass ich diese Ruhephase brauche, um mich in der neuen Rolle zu finden.

Machen wir jetzt alles gemeinsam?

Gemeinsame Ausflüge und Aktivitäten mit meinem Mann oder der Familie waren Jahrzehnte lang auf das Wochenende verbannt. Jeder ist in der Früh seiner Wege gegangen und am Abend haben wir uns, mehr oder weniger erschöpft, zu Hause wieder eingefunden. Jetzt aber spielt sich mein Alltag zu Hause ab und ebenso der meines Mannes, weil er ebenfalls schon in Pension ist. Machen wir jetzt alles gemeinsam? Wie viel Zeit kann oder werde ich jetzt noch für mich haben? Ganz abgesehen davon, dass ich neben meinem Job und Familie ja auch bisher kaum wirklich Zeit nur für mich alleine hatte. Aber jetzt erscheint die Frage wichtig.

Ich habe mehrfach gehört, dass sich viele Ehepartner in dieser unglaublichen Zeitfülle auf die Nerven gehen oder sich gegenseitig im Weg stehen. Derzeit kann ich diese Erfahrung keineswegs nachvollziehen, denn es ist fantastisch, so viel mehr Zeit für Gemeinsames zu haben. Gemeinsam einen Ausflug zu machen, eine Radtour, eine Besichtigung oder aber auch nur zu sitzen und über Dinge zu sprechen und zu diskutieren, die bisher nicht auf der Tagesordnung standen, wie philosophische Betrachtungen, oder etwas, was wir gelesen oder gehört haben. Diese gemeinsamen Erlebnisse sind ein wahrer Schatz und sie sind jetzt jederzeit möglich.

Daneben macht sich jeder seine eigenen Termine aus und genau das ist für mich ein wichtiger Punkt. Nach so vielen Jahren der Eigenständigkeit möchte ich auch jetzt einen Teil meiner Zeit alleine planen. Mein Mann arbeitet ehrenamtlich im Museum oder trifft seine Freunde und ich mache meine Dinge. Ich arbeite an Blogs, treffe Leute in der Stadt, mache mehr und mehr Coachings. Ich will, dass meine energetische Arbeit einen größeren Stellenwert in meinem Leben bekommt. All das scheint sich irgendwie ganz von selber zu organisieren und zu ergeben. Momentan jedenfalls ist gemeinsam und alleine in einer harmonischen Balance.

Damit das auch für beide gut funktioniert, haben wir uns angewöhnt, wie im Job einen Jour fixe zu halten, wo wir über unsere Termine sprechen, zum Beispiel, was ansteht und wer was vorhat. Das mag für manche vielleicht etwas übertrieben wirken, aber warum sollen wir zu Hause gute Methoden, die sich im Job bewährt haben, nicht einsetzen?

Selbständig sein ist wirklich anders

Wenn ich in Pension bin, dann mache ich mich selbständig. Das ist der Traum von etlichen Personen, die ich kenne und auch meiner. Seit über 15 Jahren habe ich Ausbildungen in den Bereichen Humanenergetik[3] und Coaching gemacht, einerseits zur persönlichen Bereicherung, andererseits aber auch mit dem Ausblick, daraus einmal ein berufliches Standbein zu machen. Seit vielen Jahren setze ich energetische Praktiken bereits in meinem Management-Job ein und konnte so viel Erfahrung damit sammeln. Daneben habe ich auch privat Coachings in kleinem Umfang gemacht. Das war persönlich bereichernd und hat mir über einige schwere Zeiten hinweggeholfen, weil ich immer das Gefühl hatte, ich habe eine Alternative. Mit zunehmender Erfahrung auf diesem Gebiet entwickelte ich mehr und mehr Professionalität und konnte mir selbst, Kollegen und meinen Klienten wirklich entscheidend weiterhelfen. Der Sprung in die vollkommene Selbständigkeit mit dieser Tätigkeit war allerdings bislang nicht geplant.

Jetzt ist es so weit. Jetzt kann sich dieser Teil von mir vollkommen entfalten. Die Türen sind offen, die Zeit ist da. Gleichzeitig stellt sich die Frage, wie sehr ich mich von dieser Arbeit wieder einspannen lassen möchte. Wie viel Aufwand will ich hineinstecken? Denn ein Selbstläufer ist das nicht. Wenn man über Jahrzehnte angestellt war, selbst als Führungskraft oder Manager, so war man doch Teil eines Systems. Diesen Teil hat man zwar kreativ und bestmöglich ausgefüllt, war aber doch eingebettet in viele Strukturen und Annehmlichkeiten. Um Verträge musste ich mich nur so weit kümmern, als ich die wichtigen Inhalte definiert habe, die

Ausgestaltung machten unsere Juristen. Wenn es ein Problem mit dem Computer oder einem System gab, konnte ich die IT-Hotline anrufen und bekam sofort Hilfe. Auch Rechnungen habe ich nie selbst geschrieben, nur unterschrieben. All das muss das neue kleine Geschäft jetzt können. Und schließlich das Wichtigste: Akquisition! In dem Moment, wo auf meiner Visitenkarte rechts neben meinem Namen nicht mehr ein klingendes Logo steht, ein Name, der dafür bürgt, dass ich hinter mir eine einflussreiche Gesellschaft habe, bin ich für viele nicht mehr im Visier. Dann beginne ich damit tatsächlich wieder von vorne. Es ist also etwas völlig anderes, einerseits einen Entrepreneur-Spirit zu haben, wie dies so oft in Unternehmen gefordert wird, und andererseits wirklich ein Entrepreneur zu sein.

Außerdem verbinden mich viele meiner Bekannten nicht mit den neuen Qualifikationen. Für sie bin ich die Expertin für erneuerbare Energien und HSSE (Gesundheit, Sicherheit, Security & Umweltschutz) und nicht die spirituelle, intuitive Coachin, die einen gänzlich anderen Wissens- und Erfahrungsschatz hat. Wenn also die Frage auftaucht: „Und was machst du jetzt?“ sind viele total überrascht und manche sogar etwas befremdet über meinen neuen Weg.

Ich habe in den letzten drei Jahren meiner Angestelltentätigkeit mein energetisches Wissen in einem Buch zusammengefasst. Es trägt den Titel *BUSINESS ENERGETIK – Wie Sie mit Achtsamkeit und Intuition Ihren Berufsalltag meistern und Grenzen überwinden* [4]. Es war mir ein großes Bedürfnis, all meine Erfahrungen und Ideen festzuhalten und zu dokumentieren. Das Buch ist natürlich auch ein guter Ausgangspunkt, weil ich damit als Energetikerin etwas vorzuweisen habe; eine persönliche Referenz sozusagen. Daher mache ich mich jetzt daran, diese Inhalte in die Welt zu tragen. Am liebsten halte ich Vorträge und habe auch schon mehrere Termine fixiert und ich freue mich, dass ich etwas habe, worauf ich hinarbeiten kann. Auch einige Workshops und energetische Coachings sind in meinem Programm. Es sieht also bereits ganz gut aus.

Ich mache diese Arbeit, weil sie mir ein echtes Anliegen ist. Meine Leidenschaft! Wenn ich keinen Spaß daran hätte, würde ich sofort die Konsequenz ziehen und aufhören. Auch das ist Freiheit pur.

Seit einigen Jahren habe ich bereits einen Gewerbeschein für Energetik, also eine gute Ausgangsposition für mein Selbständigen-Dasein. Die Grundsteine für meine Selbständigkeit sind also gelegt. Fragt sich also nur mehr, wie betreibe ich Marketing? Für Marketing waren in meiner früheren Firma ganze Heerscharen zuständig. Nichts, worum ich mich bislang kümmern musste und es ist daher für mich echtes Neuland. Natürlich unterscheidet sich Marketing in großen Organisationen von einem Einpersonen-Unternehmen, es ist aber ein Faktum, dass man sich darum kümmern muss. In meinem neuen Gebiet sind Mundpropaganda und Empfehlung eine wesentliche Säule, aber natürlich gibt es viel mehr Möglichkeiten, insbesondere im Bereich Social Media. Genau da stoße ich gleich an einen Punkt, der eine Entscheidung braucht. Um in diesem Medium mitzuspielen, muss man permanent aktiv sein. Posten! Content liefern! Regelmäßig! Will ich das? Will ich mich wieder so verhaften lassen? Das kommt ja wieder fast einer „Angestelltenarbeit“ mit Zeitdruck und Präsenz gleich. Vielleicht müsste ich dafür tatsächlich jünger sein? Zum ersten Mal stoße ich hier auf dieses Thema und werde mir bewusst, dass ich keine Zwanzigjährige bin, die spielerisch und natürlich mit diesem Metier umgehen würde. Ich beschließe vorerst für mich, dass ich mich nicht mehr in so ein Korsett begeben will. Zumindest jetzt noch nicht. Und ich mache mich auf die Suche nach Unterstützung, um genau jenes Marketing zu lernen, das jetzt zu mir passt.

Wenn ich das jetzt nicht mache, ist es auch egal

Jahrelang hatte ich übervolle To-Do-Listen. Alle Wichtigkeiten und Kleinigkeiten waren darin enthalten. Ich hatte eine To-Do-Liste für meinen Job und eine für mich privat. Auf die To-Do Liste ist gekommen, was in den nächsten Tagen zu erledigen war. Ja, ich habe auch gelernt, dass man die Tätigkeiten priorisieren und nach Dringlichkeit und Wichtigkeit unterscheiden soll. Aber so hat das zumindest bei mir nicht immer funktioniert. Abgearbeitet habe ich sie nämlich nach meinem Schmerzpegel, gepaart mit meinen Vorlieben. Wenn jemand richtig lästig war, dann war sein Auftrag entweder ganz oben oder auch ganz unten und in der Hoffnung, dass es sich von selber löst.

Ich habe immer noch meine To-Do-Liste, aber jetzt ist sie ein Mischmasch von privaten Dingen und Dingen, die ich für meine Selbständigkeit tun möchte. Das kommt daher, dass diese beiden Tätigkeiten ineinander verschwimmen. Ob ich das so beibehalten möchte, oder doch sauberer trenne? Ich weiß es noch nicht.

Jedenfalls steht auf der Liste, dass ich endlich diese Blogpostings für ein Online-Portal schreiben soll. Ich habe sie versprochen. Allerdings, ein wirkliches Zeitlimit dafür gibt es nicht. Es ist eine Art Marketing für mein Buch und sicher wichtig, aber Schreiben ist eine Sache, für die ich die richtige Stimmung brauche. Muss es denn wirklich jetzt sein? Ist das nicht der Charme der grandiosen Freiheit, die ich genieße, dass ich genau auf die richtige Stimmung warten kann und dass ich nicht einfach nur zu funktionieren habe, weil der Plan das so sagt?

Ich komme mir vor wie ein kleines Kind, das sich an etwas fast Verbotenes herantastet. Darf ich wirklich jetzt das tun, was ich möchte und nicht das, wovon ich glaube, dass ich es tun muss? Darf ich wirklich diese Zeilen hier schreiben, statt ein Angebot für einen Workshop zusammenzustellen? Ich gebe zu, das Ausmaß meiner Freiheit ist mir noch ungeheuer und ich stehe wie vor einem Schlaraffenland und trau mich nicht ganz, hineinzugehen. Dabei weiß ich doch am allerbesten, dass genau diese Freiheit es ist, die zu neuen kreativen Lösungen verhilft, die Dinge möglich macht, die wir mit harter Arbeit nicht erreichen. Die Zufälle entstehen lässt, die nicht zu planen sind. All das ist Teil meiner Vorträge und Ausbildungen, die ich gebe. Ich habe mich bemüht, mir diese Slots von Ruhe und Freiheit in meinem vollen Alltag zu gestalten, einfach, weil ich um die Wichtigkeit weiß. Aber das hier ist wieder eine andere Sache. Dieses Ausmaß an Selbstbestimmung ist himmlisch. Also sitze ich hier und schreibe diese Zeilen. Meine To-Do Liste wird eben warten müssen.

Einkaufen ist schön, wenn man Zeit hat

Ich war noch nie so gerne einkaufen. Bisher ging ich einkaufen, wenn ich etwas für mich oder die Familie gebraucht habe. Für ein zielloses Herumschlendern und mal schauen, was es so gibt, haben wir uns selten bis gar nicht die Zeit genommen. Also sind wir mit einer klaren Absicht, klaren Vorstellung und einer Liste zielstrebig losgezogen. Dass wir nicht immer das gefunden haben, was wir uns vorgestellt haben, ist auch klar.

Heute war ich in einem Shopping-Center. Ohne Ziel und Einkaufsliste. Ich schlendere von einem Geschäft zum anderen und bin sprachlos, wie viele schöne Dinge ich entdecke. Hat es die bisher nicht gegeben? Ich könnte fast in einen Kaufrausch kommen. Es gibt auch jede Menge Schnäppchen! Wo waren die bisher? Klar, es gab immer wieder gute Angebote und ich habe so etliche Male sehr schöne Sachen bekommen, aber so viele?

Und jetzt kommt die Kehrseite. Mein aktives Gehalt war definitiv höher als die Pension, die ich jetzt beziehe. Wie ungerecht ist das? Wenn man keine Zeit hat, hat man das Geld, und wenn man Zeit hat zu flanieren und genussvoll auszusuchen, muss man auf das Geldbörserl schauen. Der Kaufrausch hält sich also in Grenzen.

Es ist kein Geheimnis, dass mit dem Pensionsalter auch eine andere finanzielle Situation eintritt. Einerseits finde ich es immer noch überraschend und faszinierend, dass monatlich für volle Freiheit und ohne Leistung abliefern zu müssen, Geld auf mein Konto kommt, andererseits habe ich Jahrzehnte lang genau in dieses Rentensystem eingezahlt, mehr als jemals zurückkommen wird. Ich hoffe, dass auch unsere

Kinder noch in der Lage sein werden, so eine Grundfinanzierung zu bekommen, die die Sicherheit für eine neue Freiheit bildet, neben den Ersparnissen und Einkommen, die sie sich selber schaffen werden.

Mein Körper erlebt eine Renaissance

Eigentlich dachte ich immer, dass ich gut in Form bin. Jedenfalls bin ich jahrelang fast täglich mit dem Rad ins Büro gefahren und habe auch zusätzlich noch verschiedene andere Sporttrainings absolviert. Aber das, was mein Körper jetzt erlebt, ist wie eine Renaissance. Täglich gehe ich joggen oder mache Yoga, manchmal auch beides. Jeder Weg wird mit dem Rad gemacht, darüber hinaus gehe ich noch einmal in der Woche schwimmen mit einer Freundin und mache Gymnastik mit einer anderen Freundin. Ich spüre die Veränderung in allen Teilen meines Körpers. Muskeln, die ich durch jahrelanges Sitzen und Computerarbeit stillgelegt hatte, melden sich zu Wort. Manchmal habe ich den Eindruck, mein Körper fragt mich, ob ich das wirklich ernst meine. Ob er sich jetzt darauf einstellen soll? Ja, klar soll er das, denn es macht mächtig Spaß und fühlt sich unglaublich gut an!

Normalerweise habe ich eine sehr helle Haut. Wenn mein Mann und ich auf Urlaub waren, ist er braun gebrannt zurückgekommen und ich war annähernd so weiß wie bei der Hinreise. Manche haben gescherzt und gefragt, ob wir tatsächlich gemeinsam Urlaub gemacht haben. Aber jetzt habe ich eine leichte Bräune. Na klar, das Wetter ist ja auch fast immer schön und ich bin viel draußen. Das kann auch das schönste, sonnendurchflutete Büro einfach nicht leisten. Mal schauen, ob ich im Sommer dann tatsächlich erstmals in meinem Leben braun bin.

JUNI

Ist das wirklich alles?

Es ist gerade erst einmal ein Monat vergangen, also genau jene Zeitspanne wie für einen langen Urlaub, und schön langsam zeigen sich kleine Durchhänger, selbst wenn mir bewusst ist, dass die erste Ruhephase gut und notwendig ist. Die Euphorie, alles tun und lassen zu können, was mein Herz begehrt, ist nach den ersten Wochen etwas abgekühlt, der Urlaubseffekt aufgebraucht. Immer noch bin ich fasziniert von der Lebensqualität, aber manchmal, so ganz heimlich, schleicht sich ein Gefühl der Nutzlosigkeit ein. Wer braucht mich jetzt? Rational weiß ich natürlich, dass es ganz alleine an mir liegt, wie ich mich fühle, und was ich mache, aber tief drinnen sitzt manchmal ein Wurm.

Ich habe meinen nächsten Vortrag fertig, die Vorhänge gewaschen, die Terrasse neu bepflanzt und für den Sommer fit gemacht. Und was mache ich jetzt? Ist das wirklich alles? Ich muss mich entscheiden, ob ich meinen Freizeitpfad weitergehe oder lieber tiefer in meinen Selbständigen-Job eintauche.

Bevor ich mich allerdings meinem Lamento weiter hingebe und mich mit dieser Entscheidung befasse, wende ich eine Methode an, die ich häufig und gerne einsetze, um mich positiv auf etwas einzustellen: ich setze eine Intention [5]. Das ist ein unglaublich wirkungsvolles Instrument, bei dem man sich absolut klar wird, WAS man genau verwirklichen möchte, sich aber nicht mit den Details befasst WIE man dort hinkommt und ob das überhaupt alles möglich ist, sondern den Gedanken einfach nur mit einem tiefen, positiven Gefühl auflädt, um ihn danach loszulassen. Ich habe diese Methode in meinem Buch *Business Energetik* im Detail beschrieben und vielfach auch im Berufsleben angewendet. Der sachliche Hintergrund besteht darin, dass Gedanken und Gefühle elektromagnetische Signale aussenden und somit einen großen Einfluss auf unsere Realität haben. Allerdings, ein Gedanke alleine ist zu wenig, es braucht eine intensive emotionale Energie, um wirklich etwas zu bewirken, wobei die Energie aus unserem Herzen, also eine positive, liebevolle Emotion, die weitaus stärkste Kraft hat. Erst wenn Herz und Hirn im Einklang sind, kann man Berge versetzen. Wenn ich also die Entscheidung mehr Freizeit oder mehr Selbständigkeit aus meiner heutigen übellaunigen Emotion treffe, wird das nicht gut enden.

Intention ist wie die Bündelung aller Gedanken zu einem Laserstrahl, den wir auf unser Ziel richten und mit Begeisterung und Liebe koppeln. Bei einer Intention muss es sich nicht nur um die großen Dinge im Leben handeln, man kann sie auch für kleine und kleinste Dinge machen, wie zum Beispiel in meinem Fall heute: „Ich finde mit Leichtigkeit die glasklare und bestmögliche Ausrichtung zwischen Freizeit und Arbeit und genieße alle neuen Eindrücke, die sich mir jetzt in dieser Zwischenzeit bieten." Mit dieser Intention setze ich mich zu einer Meditation, um dem ganzen noch eine weitere Tiefe zu geben. Danach fühlt sich alles schon ganz anders an und vor allem stärkt es mein Vertrauen, genau den richtigen Weg für mich zu gehen, auch wenn ich heute noch keine Entscheidung treffe.

Ich dachte, ich bin vorbereitet

Vor etwa acht Jahren habe ich mit meinem Mann eine Workshop Serie gehalten, in der wir uns mit dem Thema *Wie gestalte ich meine zweite Halbzeit* intensiv auseinandergesetzt haben. Wir waren beide schon über 50, also knapp über dem Alter, das wir als unsere Halbzeit ansehen, und noch voll im Berufsleben verankert.

Die Idee kam aus unserem Hobby, American Football, das sowohl unser Sohn spielte als auch wir, allerdings in einer abgeschwächten Form als Flag-Football. Bei jedem Spiel gab es während der Halbzeitpause ein Coaching. Die erste Hälfte des Spiels wurde analysiert, die Positionen bewertet und dann eine Strategie für die zweite Halbzeit festgelegt, sodass wir bestmöglich gerüstet waren, damit dieses Spiel bis zur letzten Minute gut lief und wenn möglich mit einem Sieg endete.

Wir dachten uns, so etwas sollten wir mit unserem Leben auch machen. Es fing damit an, dass wir uns bewusstmachten, was bisher wirklich gut gelungen ist. Dann befassten wir uns intensiv mit inneren Bildern vom Alter, einschränkenden Glaubenssätzen, möglichen Vorbildern, negativen Emotionen und Ängsten und dabei entdeckten wir auch vieles in uns, das wir nicht in die zweite Halbzeit mitschleppen wollten. Sich von diesem Ballast zu befreien war bereits der erste grandiose Schritt. In weiterer Folge haben wir uns mit all den Qualitäten befasst, die man braucht, um die zweite Halbzeit bestmöglich zu gestalten.

In diese Zeit fielen auch viele meiner energetischen Ausbildungen, die mich teilweise mit völlig neuen Sichtweisen auf die Welt überraschten. Ausbildung heißt auch Selbsterfahrung und vor allem das gründliche Auflösen von eigenen Themen, um eine möglichst offene und neutrale Haltung gegenüber Klienten einnehmen zu können. Noch besser wurde es aber, mit den neuen, positiven Einstellungen zu leben. Wir sind also mit leichterem emotionalem Gepäcke in die 2. Halbzeit gestartet.

Eine der wichtigsten Übungen unserer Workshopreihe bestand darin, sich ein Ereignis vorzustellen, das weit in der Zukunft liegt und wie ein Stern oder wie ein Magnet wirkt. Ich nenne es das *Desired Outcome*, bei dem ich mir mit allen Sinnen vorstelle, wie es ist, wenn es richtig gut ist. Ich habe die englische Bezeichnung gewählt, weil in dem Wort *desire* die Kraft des *Sehnens* steckt, die unglaubliche Kräfte mobilisieren kann, wenn wir uns dessen richtig bewusst sind. Häufig wickeln wir Dinge einfach nur ab, oder gehen einfach drauf los, ohne uns klar zu sein, welches Ergebnis, welche Wirkung wir eigentlich anstreben. Es geht darum, ein umfassendes Bild und Gefühl zu kreieren, wie es aussieht und sich anfühlt, wenn *es gut ist*, gelungen ist und zwar für mich und für alle anderen Beteiligten. Mir ist in vielen Coachings aufgefallen, dass fast niemand auf die Frage *„Wie ist es, wenn es gelungen ist?“* diesen Zustand auf Anhieb beschreiben kann, beziehungsweise noch nie darüber nachgedacht hat, weder für Aktivitäten im Job noch für die persönliche Entwicklung etwa im Alter.

Gelingen ist ein hochkomplexes Gefühl des Richtig-Seins. Es gibt eine Vorstellung, wie sich das Gelingen anfühlt, das man mit realen Fakten nicht beschreiben kann. Wenn wir sagen, der Apfelstrudel ist wirklich gelungen, dann haben wir dieses wundervolle, saftige Gefühl, die Süße, das Aroma von Zimt und gebratenen Äpfeln, gepaart mit dem knusprigen Teig im Kopf, dazu noch das Erleben, als wir ihn zum ersten Mal gegessen haben, ein volles Bild und Geschmackserlebnis. Wenn wir versuchen, den perfekten Apfelstrudel zu analysieren und zu beschreiben, dann werden wir kaum an dieses Gefühl herankommen. Gelingen heißt: Wir wissen, wie es sein müsste; wir kennen das Potenzial und haben eine Vorstellung, dass es klappen könnte. Das nenne ich *Desired Outcome (oder bestmögliches Ergebnis).* Wichtig ist auch, dass wir uns erlauben, richtig großzügig mit unseren Wünschen zu sein. Wir können „das Blaue vom Himmel" kreieren. Hier gibt es keine Zurückhaltung aus einem bescheidenen Gedanken oder einer vermeintlich realen Einschränkung. Man beginnt beim Kern des Wunsches, wie etwa: Wie ist es, mich gut als Oma oder Opa zu fühlen, das Leben mit 90 und mehr rundum zu genießen? Dieses Bild ergänzt man mit all dem, was rundherum dazugehört: Gesundheit, Spaß, wunderschöne Beziehungen, Glück für andere usw.

Wie schaut also der gelungene *Apfelstrudel des Alters* aus?

Für mich ist es das Bild meines Geburtstagsessens, wenn ich mit 94 an einem Ende der Tafel sitze, mein Mann sitzt neben mir und um uns jede Menge Familie und Freunde, Alt und Jung. Überall ist Lachen und Spaß. Ich habe ein ganz klares Bild von dieser Tafel und kann die Stimmen und das Lachen hören und empfinden. Ich bin fit und gut drauf, genieße die Atmosphäre und freue mich daran, zu Musik aus allen Jahrzehnten meines Lebens zu tanzen. Dieses Bild hilft mir, mich immer wieder auf die Zukunft auszurichten in dem Bewusstsein, wie schön sie ist. Sollte in der Zwischenzeit etwas auftauchen, das weniger erfreulich ist, dann kann das ja wohl nur ein „Hoppala" oder Zwischentief sein.

Erst vor kurzem hat uns eine Teilnehmerin unseres Workshops erzählt, dass sie damals das Bild kreiert hat, wie sie mit weit über 80 Jahren den Morgen auf einer Berghütte genießt, was für sie natürlich impliziert, dass sie dann noch problemlos bergsteigen kann. Dieses Bild muntert sie immer wieder auf, wenn es einmal nicht so gut läuft.

Wir haben uns, wie gesagt, intensiv damit auseinandergesetzt, wie wir uns fit und vital halten, wie wir uns unseren Ängsten und Triggern[6] stellen, und haben sie nacheinander aufgelöst. Das hat großartig funktioniert und sowohl mein Mann als auch ich sind heute viel, viel lockerer und gelassener und auch gesünder, als noch vor zehn Jahren.

Trotzdem trifft mich jetzt das Ausscheiden aus dem normalen Berufsalltag mit einer Vehemenz, die ich so nicht erwartet hätte. Ich dachte, ich wäre vorbereitet! Ich habe Energetik als zweites Standbein bereits vor Jahren begonnen und wusste, dass ich diese Tätigkeit gerne ausüben würde. Aber der Umfang von Freiraum, den ich jetzt erlebe, war mir einfach nicht klar. 24 Stunden und sieben Tage die Woche für die nächsten vielen Jahre stehen zu meiner vollen Verfügung! Es ist so, als würde man jemanden fragen, ob er lieber Cappuccino oder Espresso trinkt, obwohl er noch nie Kaffee getrunken hat. Man muss es probieren, sich darauf einlassen und erkunden, um eine Ahnung davon zu haben. So also schmeckt die neue Freiheit!

Herrlich kochen und zu viel naschen

Es ist ziemlich einfach, regelmäßig und in Grenzen zu essen, wenn man acht Stunden und mehr in einem Büro sitzt. Ausgenommen vom Mittagsbuffet in der Kantine, ist einfach nichts da. Also gibt es unter Tags auch nichts zum Naschen. Wenn ich dann nach der Arbeit nach Hause kam, war oft der erste Weg zum Kühlschrank, um den Stress mit irgendwelchen Schmankerln* zu löschen. Trotzdem war es ziemlich leicht, mein Gewicht mehr oder weniger konstant zu halten.

Die Verlockungen, den Kühlschrank oder Vorratsschrank jederzeit plündern zu können, waren in den letzten Wochen richtig groß. Ich nahm zwar immer nur ganz wenig, ein paar Kekse zum Vormittagskaffee, eine Art Picknick in der Küche mit Käse, Wurst und sonstigen Leckereien zu Mittag mit meinem Mann, oder Käse vor dem Abendessen – die Schweizer geben dem den klingenden Namen „Apero". Herrlich, es gab einfach immer etwas in meiner unmittelbaren Nähe. Und das war relativ schnell zu spüren.

Also beschloss ich, das zu ändern. Erstens, es wird weniger auf Vorrat gekauft. Ich kann ja jetzt jederzeit einkaufen gehen, auch täglich. Als Konsequenz sind unser Kühlschrank und der Vorratsschrank gähnend leer. Das sicherste ist immer noch, keiner Versuchung ausgesetzt zu sein, so wie im Büro. Außerdem beschloss ich, unsere Essensgewohnheiten zu verbessern, speziell, was das Mittagessen betrifft. Noch vor ein paar Monaten habe ich etwas schmunzelnd auf meine Freundin geblickt, die mit wahrer Hingabe die Salatteller für ihren Mann und sich selber zubereitete. So viel Aufwand nur

---

* Schmankerl: österreichisch für Leckerbissen

für einen Mittagssnack. Inzwischen folge ich ihrem Vorbild immer öfter. Ich bin richtig kreativ geworden, was unsere Mittagssalate anbelangt und es macht mir große Freude, sie mit Liebe zuzubereiten. Der Nebeneffekt: Unser Gewicht dankt es uns.

Je nachdem, was wir zu Hause haben, kreiere ich eine Salatkombination und bin auf meine Kreativität stolz! Meine drei Lieblingsrezepte aus der letzten Zeit waren: *Selleriesalat mit Fenchel, Orange und Nüssen, Salat mit Karotten, Champignons und Oliven*, einer meiner liebsten Salate, und *Kohlrabi-Carpaccio mit Pecorino und Rucola*. Dazwischen gab es schon auch ein paar Versuche, die nicht so gelungen sind, aber das gehört zur Kreativität eben auch dazu.

Setz dich hin und tue nichts!

Das ist der Titel eines Buches, das ich mir vor vielen Jahren gekauft habe. Auf dem Titelbild ist ein Mann zu sehen, der auf einer Bank im Freien sitzt und offensichtlich meditiert. Er strahlt eine vollkommene Gelassenheit und gleichzeitig Präsenz aus. Immer wieder habe ich mir vorgenommen, das in meinen Alltag einzubauen, aber es war nicht immer leicht. Heute gibt es keine Ausreden mehr, es braucht nur Disziplin. Ich habe daher ein neues Ritual geschaffen und meditiere täglich zumindest eine halbe Stunde. Langsam spüre ich, wie die Ruhe, die der Mann auf dem Titelbild ausstrahlt, auch bei mir angekommen ist.

Wenn ich auf Urlaub war, konnte ich unendlich lange irgendwo sitzen und in die Gegend schauen. Ob das auf einem

Berg war oder an einem Wasser, ob in der Stadt oder vor einem Kunstwerk, ich konnte diese Zeit voll und ganz genießen. Nur im Alltag nicht. Da bin ich von einem Termin zum anderen gehetzt. Zwischendurch einmal in die Luft zu schauen gab es nicht. Manchmal habe ich meine Raucher-Kollegen beneidet. Ab und zu ließen sie alles liegen und stehen, um ihrem Ritual „eine Rauchen zu gehen" zu frönen. Nachdem Rauchen am Arbeitsplatz irgendwann nicht mehr erlaubt war, mussten sie in ein anderes Stockwerk, in einen eigens dafür vorgesehenen Raum, gehen. Abgesehen davon, dass dieser Raum schrecklich war, habe ich sie um die Pause jedoch beneidet. Wir Nichtraucher hatten das nicht. Wir hatten keine wiederkehrenden, rituellen Pausen.

Setz dich hin und tue nichts! Das ist etwas, was mich mehr und mehr beschäftigt. Heute war ich Rad fahren und dann habe ich einfach angehalten und mich auf eine Bank gesetzt, um in die Luft zu schauen. Nach kurzer Zeit allerdings merkte ich meine Ungeduld. Die Ruhe hat sich nicht eingestellt, daher bin ich aufgestanden und weitergefahren. Was ist der Unterschied zwischen Urlaub und jetzt? Warum kann ich das im Ausland und hier fällt es mir viel schwerer? Ich weiß es nicht, aber ich werde es herausfinden.

Gott sei Dank gibt es etwas zu arbeiten

Die Ruhe und die Muße müssen aber erst einmal noch warten. Ich habe Aufträge für Workshops und mehrere Coachings. Großartig. Mein Herz schlägt höher und ich bin total dabei. Endlich gibt es wieder einen Zeitdruck. Endlich ist wieder etwas vorzubereiten und abzuliefern. Ich genieße die beiden Seiten meines neuen Lebens über alle Maßen.

Ich sitze also bei Sonnenschein auf meiner Terrasse und arbeite. Alles geht mir leicht von der Hand und in wenigen Stunden bin ich fertig und zufrieden. Was für eine andere Art des Arbeitens! Wie erfüllend ist es, genau das zu tun, was ich am besten kann. Keine endlosen Business Cases, die man rechtfertigen muss, oder komplizierte Verhandlungen mit unendlich vielen divergierenden Meinungen. Ich kann jetzt genau das machen, was mir am Herzen liegt. Dazu gehört, dass ich mich ganz auf die Klienten einstimmen kann. Es gibt keinen Zeitdruck und keinen sachlichen Zwang. In dieser Leichtigkeit des Arbeitens haben Intuition und eine meditative Vorbereitung einen fixen Platz. Nachdem ich den ganzen Tag „frei" habe, kann ich meinen Klienten anbieten, außerhalb der normalen Arbeitszeiten zu kommen und kann voll auf ihre Bedürfnisse eingehen.

Vor kurzem habe ich wieder einen Vortrag gehalten und die Aufgabe rundum genossen. Es war ein Gefühl, wie ich es aus meinen besten beruflichen Zeiten kenne, aber diesmal war es ganz mein Thema. Zu allem, was ich sagte, konnte ich zu hundert Prozent stehen. Keine Firmenpolitik, keine Vorgaben, nur meine persönliche Einstellung und mein Wissen. Diese Form von Freiheit ist ein wahres Geschenk. Das Geschenk vollkommen authentisch sein zu dürfen. Selbst wenn jemand nicht einverstanden sein sollte, ist es auch gut. Ich brauche keinem Mainstream zu entsprechen und nicht mehr alle Menschen zu erreichen. Nur jene, die mit mir in Resonanz sind und die einen persönlichen Gewinn aus unserer Begegnung ziehen.

Vorbilder – brauche ich die noch?

In meinem Alter haben alle so viel Erfahrung gesammelt und könnten die gerade beschriebene Authentizität leben. Unbeschadet schlechter Nachrede. Es ist egal. Brauche ich dann überhaupt noch ein Vorbild? Manche Freunde meinen, sie würden das nicht mehr brauchen, aber mir tut es gut, Menschen zu kennen, die einen Weg gehen, der mir anstrebenswert erscheint.

Einer dieser Menschen ist meine Schwester. Sie lebt seit den frühen 70er Jahren in Japan und ist um einige Jahre älter als ich. Damals, als sie der Liebe gefolgt ist, war Japan unendlich weit weg. Es war schwierig, in Kontakt zu bleiben. Telefonieren war nur über Anmeldung des Ferngesprächs möglich, überaus teuer und daher machten wir davon nur zu hohen Feiertagen, wie Geburtstag oder Weihnachten, Gebrauch. Briefe dauerten bis zu zehn Tagen für einen Weg und waren nicht geeignet für spontane Fragen.

Heute ist das völlig anders. Ich genieße unsere wöchentlichen Video-Chats beim Kaffee – ein Hoch der Kommunikationstechnologie! Meine Schwester hat es geschafft, in einer fremden Kultur ihre eigene Welt so zu gestalten, dass sie rundum glücklich ist. Dieses Glück und die Lebensfreude kann ich, Skype sei Dank, auch unmittelbar miterleben, und teilnehmen, wie durch ihre Lebenseinstellung jede Menge positiver Dinge in ihrem Leben passieren. So, als ob sie das anziehen würde. Das Leben in Japan war auch für sie keinesfalls immer leicht, denn die Unterschiede in der Gesellschaft und die Anforderungen sind erheblich. Sie hat sich dafür intensiv mit der Geschichte des Landes auseinandergesetzt und versucht zu verstehen, warum manche Vorgehensweisen so sind, wie sie sind. Sie steht jedoch zu ihrem Anderssein und hat ihren ganz eigenen Stil entwickelt, der beide Welten verbindet. Das ist es, was sie so stark und gesund macht. Bis vor wenigen Jahren hat sie noch auf der Universität unterrichtet und heute widmet sie sich mit voller Leidenschaft ihrer Familie und ihren Enkelkindern. Sie meinte vor kurzem: „Die Zeit, in der die Kinder so offen für Ideen und Vorbilder aus der Familie sind, ist so limitiert, bevor sie ganz ihre eigenen Wege gehen, dass ich das bestmöglich erleben möchte. Kein Beruf kann mir so viel bedeuten, wie das Zusammensein mit meinen Enkeln und deren Freude daran".

Meine Schwiegermutter ist ebenfalls ein Vorbild für mich. Sie ist heute 96 Jahre alt, lebt alleine in ihrer Wohnung, kocht sich ihr Essen selber und ist fast zur Gänze eigenständig. Sie hat eine unglaubliche Art damit umzugehen, dass sie körperlich schwächer wird, indem sie sagt: „Dann lege ich mich halt nieder und ruh mich aus. In meinem Alter darf ich das!" Was sie so aktiv hält, sind ihre Neugierde und Hobbys. Sie legt Fotobücher an, liest viel, worüber sie mit uns intensiv diskutiert, und vor allem malt sie mit Leidenschaft Keramikschalen und Teller, die sie dann an Familie und Freunde verschenkt. Nicht zu vergessen die unzähligen bemalten Ostereier, die sie mit besonderer Präzision und Kreativität jedes Jahr für uns produziert. Von ihren Helferinnen, die aus der ganzen Welt kommen, lernt sie einfache Sätze in ihren Sprachen, damit sie sie begrüßen kann und setzt sich mit ihren Kulturen auseinander. Letzten Sonntag meinte sie: „Ich genieße jeden Tag, mein Leben ist wunderschön. Auch mit 96."

Anneliese Fuchs ist Psychotherapeutin, 80 Jahre und beruflich nach wie vor sehr aktiv. Ich kenne sie seit nunmehr fast 20 Jahren und jedes Mal, wenn ich sie treffe, sprüht sie vor neuen Ideen und ist mitreißend wie eh und je. Sie leitet immer noch ein eigenes Institut und widmet sich Themen, die gesellschaftliches Novum sind. So hat sie gerade ein Buch mit dem Titel *Wege zum Glück*[7] herausgegeben, in dem sie der Frage nach dem Glück in den verschiedenen Lebensphasen nachgeht. Sie ist fest davon überzeugt, dass man bis ins hohe Alter eine richtige Aufgabe braucht, die einen ausfüllt. Und sie sagt von sich selber, dass sie mit 80 Jahren sogar noch mehr Glück empfindet, als in der Jugend. Begeisterung und Sinn sind Voraussetzung dafür, dass wir bis ins hohe Alter Erfüllung finden. Ich bin wild entschlossen, das zu nutzen!

Meine Schwester hat mir von Kimiko Nishimoto berichtet, eine 89-jährige Japanerin, die außergewöhnliche Selbstportraits fotografiert. Ihre Bilder sind einzigartig, heiter und manchmal auch skurril. Begonnen hat sie mit dem Fotografieren erst im Alter von 72 Jahren, als sie einen Anfängerkurs bei ihrem Sohn besucht hat. Heute ist sie ein Internetstar und macht Ausstellungen. Ihre Professionalität ist beachtlich und sie konnte damit sehr erfolgreich werden, denn sie transportiert in ihren Bildern jede Menge Humor und Witz über das Alter. So ist sie auf einem Foto zum Beispiel zu sehen, wie sie mit dem Rollator einen Geländewagen überholt. Sie sagt von sich selber: „Alter ist nur eine Zahl! Meine Ambition ist es, mit meinen Fotos mehr Vergnügen in die Welt zu bringen.“ Ich liebe solche Beispiele, weil sie zeigen, was alles möglich ist.

Warum ich in dieser Liste nur Frauen als Vorbild genannt habe, überrascht mich etwas, denn ich kenne ja auch sehr viele beeindruckende Männer unterschiedlichen Alters. Ich will also in der nächsten Zeit meine Suche nach männlichen Vorbildern fortsetzen.

Wie haben meine Eltern die Pension ohne Internet geschafft?

Ein Leben ohne meinen Laptop kann ich mir nicht vorstellen. Er ist der Nabel zur Welt. Ich schreibe diese Zeilen darauf, ich mache meine Präsentationen und Kalkulationen, ich suche alles Mögliche im Internet zusammen, halte Kontakt zu anderen Leuten, schaue Filme und vieles mehr. Wie um alles in der Welt, sind meine Eltern ohne diese technische Möglichkeit ausgekommen? Was haben sie in ihrer Pension ohne unsere heutigen Kommunikationstechnologien gemacht?

Ich versuche mich zurückzuerinnern. Mein Vater war immer schon ein Vordenker. Er hatte eine Firma, die er nach dem Krieg selber aufgebaut hat, und war dort technischer Geschäftsführer. Als er in den 1970er Jahren in Pension ging, widmete er sich einem Thema, das damals in den absoluten Kinderschuhen steckte: der EDV. Er war der allererste in unserer Kleinstadt, der einen Computer hatte. Den einzigen damals. Es war der erste Heimcomputer am Markt, der Radio Shack TRS-80 mit zwei externen Speichern, in die man sogenannte Floppy Disks stecken konnte. Diese waren größer als eine Schallplatte und hatten gerade einmal eine Speicherkapazität von 360 kByte. Nur zum Vergleich, mein Laptop hat derzeit 128 GB, also mehr als das 350.000-fache! Er lernte die verschiedenen Programmiersprachen wie FORTRAN,

BASIC oder COBOL und hat mit diesem Computer die ersten Programme für den Baumeister und den Zahnarzt geschrieben. Mein Kinderzimmer wurde dafür Anfang der 1970er zum Computerzentrum umgebaut.

Auf den persönlichen Alltag meiner Eltern hatte der Computer keinen Einfluss, dazu war die Technologie noch viel zu wenig ausgereift. Wie hat man damals Neuigkeiten erfahren? Kommuniziert? Sich verabredet?

Meine Mutter hat viele und lange Briefe mit der Hand geschrieben, um mit meiner Schwester in Kontakt zu bleiben. Auch der Haushalt war natürlich nicht so praktisch wie heute und es gab viel mehr Arbeit. Neuigkeiten hat man aus der Zeitung und den wenigen Nachrichtensendungen erfahren. Verabredungen wurden persönlich ausgemacht und dann eingehalten. Man konnte ja nicht kurzfristig per SMS chatten und sich etwas Neues ausmachen. Immerhin haben beide in ihrer Pension mit einer Gruppe von Freunden erstaunlich viele Reisen gemacht. Es wurde mit Super-8 gefilmt, die Filme geschnitten, geklebt und vertont. Das hat alles sehr viel Zeit in Anspruch genommen. Ich glaube, sie haben diesen Lebensabschnitt gut ausgefüllt und sehr genossen – auch ohne Internet!

Bin ich in Pension, in Halbpension, selbständig?

Wenn ich gefragt werde, „Bist du schon in Pension, beziehungsweise Rente?“ stellen sich bei mir alle Haare auf. Offensichtlich verbinde ich damit nicht unbedingt nur Positives. Meine erste innere Reaktion ist daher oft spontane Ablehnung. Offiziell betrachtet und nach dem Gesetz, bin ich natürlich bereits in Pension. Ich druckse herum und sage dann zumeist, „Ich bin selbständige Energetikerin mit Pension". Das entspricht ziemlich gut dem, was ich Halbpension nenne.

Mit den offiziellen Begrifflichkeiten habe ich ein echtes Problem, weil sie einen in eine Kategorie drängen. In eine Schublade. Natürlich genieße ich es, dass jeden Monat, ohne dass ich dafür arbeiten muss, eine Zahlung auf mein Konto eingeht, die mir eine gewisse Sicherheit gibt, aber nur in Pension oder, noch schlimmer, im Ruhestand, will ich noch lange nicht sein.

Mit dieser Sichtweise bin ich offensichtlich nicht alleine. Konrad Beyreuther, Gründer des Netzwerks Altersforschung an der Universität Heidelberg und einer der Experten im Bereich Alzheimerforschung, meinte in einem Interview für die ZEIT, „Ruhestand ist eine Art Winterschlaf, Pensionierung ein Verbrechen. Das menschliche Gehirn braucht Stimulation. Um das Gehirn fit zu halten, benötigt man Anregung von außen. Und das Berufsleben ist ein wichtiger Stimulus, deshalb halte ich die Zwangspensionierung für schädlich."[8]

Unser Bild vom Alter hat sich in den letzten Jahren massiv verändert. Oft heißt es *Sechzig ist das neue Fünfzig!* Damit kann ich sehr viel anfangen, denn so fühlt es sich für mich derzeit an. Unsere Lebensgewohnheiten und Fitness haben sich so verbessert, dass wir uns tatsächlich eher wie 50 als wie 60 fühlen. Wenn ich an meine Großmutter denke, so war sie mit 60 definitiv älter und ausgebrannter, als ich es jetzt bin. In jedem Fall war sie eine alte Respektsperson, von Fitness und Lust, die Welt zu erleben, noch mal Leistung zu bringen, war aber keine Rede. Sie ist auf Kur gefahren und nicht mit dem Wohnmobil mehr als 10.000 km ans Nordkap und zurück, wie wir dieses Jahr.

Ich glaube, es sind diese Bilder unserer Kindheit, die mit dem Thema Pension und Ruhestand so innig verbunden sind. Ich gehöre zu den sogenannten Wohlstandskindern der Nachkriegszeit, die nicht all die Entbehrungen durchleben mussten, wie meine Eltern oder Großeltern. Für sie war das Alltagsleben mit vielen Strapazen verbunden, auch mit körperlichen. Daher hatte der Ausdruck vom *wohlverdienten Ruhestand* ganz sicherlich seine Berechtigung, aber stimmt das auch noch für uns so? Natürlich höre ich auch heute von gleichaltrigen Bekannten, dass sie wirklich ausgelaugt sind und dass sie auf eine ganz andere Art und Weise als unsere Eltern belastet sind. Lehrer, Ärzte oder Pflegepersonal zum Beispiel sind heute über alle Maßen beansprucht. Burn-Out und Depression, die psychischen Belastungen sind selbst bei jüngeren Leuten inzwischen weit verbreitet. Ich vergönne es jedem, der diesen, oft brutalen, Arbeitssystemen entkommen kann. Das kann aber doch nicht das Ziel unserer Gesellschaft sein! Unsere Arbeitswelt muss doch eher so gestaltet sein, dass Arbeiten bis ins Alter gut ist.

Dass auch mein Berufsalltag mehr als anstrengend war, erfahre ich auf eine ganz neue Weise, indem mir viele Leute sagen, wie gut und entspannt ich jetzt ausschaue. Habe ich vergessen, wie anstrengend es war? Habe ich es gar nicht im vollen Umfang wahrgenommen?

Letztes Jahr habe ich nur mehr 20 Stunden gearbeitet und war sozusagen bereits in Halbpension. Das ist eine großartige Art und Weise, den Übergang zu schaffen. Auf der einen

Seite noch voll geborgen im vertrauten Berufsalltag zu sein und trotzdem schon mehr Freiheiten zu haben.

Gefühlsmäßig und intellektuell möchte ich beruflich bis weit über 80 hinaus aktiv bleiben und auch arbeiten. Das ist jedenfalls heute mein Plan. Mein Vater war fast 70, als er zu einem Treffen junger IT-Spezialisten von Oberösterreich nach Wien gefahren ist. Das war in den späten 1970er Jahren. Wie ich schon geschrieben habe, war er einer der absoluten Vorreiter in der Computerszene, was ich aber damals nicht in vollem Umfang wahrgenommen habe. Ich dachte, es ist einfach nur ein verrücktes Hobby, dem er sich in der Pension widmet. Etwas genervt über seine außergewöhnlichen Ideen, habe ich ihn auf der Fahrt gefragt: „Vati, was genau machst du dort, unter all den jungen Leuten?“ Und seine lapidare Antwort war: „Ich berate sie und sie bezahlen das gut“. Wie großartig ist das! Ich bin heute noch stolz auf ihn, dass er in seiner Pension auf einem völlig neuen und zukunftsträchtigen Gebiet tätig und erfolgreich war! Ich werde definitiv meinen Vater in die Liste meiner Vorbilder einordnen, wenn es um Sinnfindung, Begeisterung und Vision geht.

Die neue Lebensphase: Freiheit & Erfüllung!

Noch vor wenigen Jahrzehnten hieß es, dass es im Leben eines Menschen drei Phasen gibt: Ausbildung – Berufstätigkeit – Ruhestand. Genau dieses Bild prägt unser Denken und Handeln noch heute.

Lebensphasen als Abfolge eines normalen Werdeganges

Da wir jedoch heutzutage viel älter werden, sind für jeden durchschnittlich 15 Jahre an Lebenszeit dazugekommen. Das bedeutet, dass Menschen heute, wenn sie in Pension gehen, noch gute 15 bis 20 Jahre fit genug sind, um höchste körperliche Leistungen zu bringen, wie etwa Marathon zu laufen, und ebenso geistige Höchstleistungen vollbringen können.

Es hat sich also eine neue Lebensphase eingeschoben. Diese hat aber noch immer keinen Namen bekommen. Auch die Menschen, die in dieser Phase leben, haben keine klare Bezeichnung. Es existieren unzählige Begriffe, wie Grey Panter, Power-Ager, Best Ager, Senior etc., aber keiner dieser Begriffe drückt für mich wirklich aus, was in dieser Lebensphase stattfindet.

In ihrem Buch *Entwicklung der Person – Dynamik des Lebens* bezeichnet Anneliese Fuchs diese Zeit als *Zeit der Reife, Zeit der Erfüllung*, bevor die *Zeit der Ruhe* eintritt. *In dieser Zeit haben wir die Chance anderen etwas zu geben und können unsere Erfahrungen weitergeben, ein Status, der uns viele Freiheiten gibt. In dieser Phase können wir so etwas wie ein Vorbild für die Jugend sein, sofern wir die Anforderungen des Lebens angenommen haben und nicht in irgendeiner Phase der Entwicklung stehen- oder steckengeblieben sind. Selbst wenn das nicht gelungen ist, haben wir jetzt die Möglichkeit, vieles Versäumte nachzuholen.* [9]

Ich schlage daher vor, dass wir dringend eine Bezeichnung für diese neue Lebensphase brauchen, die zwischen Berufstätigkeit und Ruhestand liegt, die folgende Aspekte erfasst und ausdrückt:

1. Die Freiheit und freie Wahl, genau das zu tun, was wir am besten können und wollen
2. Den kreativen, authentischen Selbstausdruck, gepaart mit all unserer Erfahrung
3. Das Engagement für unsere Gesellschaft
4. Die intensive innere Auseinandersetzung als Wegbereiter für die nächste Phase

Das Engagement für unsere Gesellschaft kann zum Beispiel im Rahmen von Freiwilligenarbeit sein, als familiäre Unterstützung, auch im Sinne einer neuen Erwerbstätigkeit oder einfach nur positives Sein. Dieser Beitrag ist nicht zu unterschätzen.

Daher bezeichne ich diese neue Lebensphase, die ich von etwa 60 bis 80 einordne, als Phase der *Freiheit & Erfüllung*.

Ich würde die vier Phasen unseres Lebens daher gerne folgendermaßen bezeichnen:

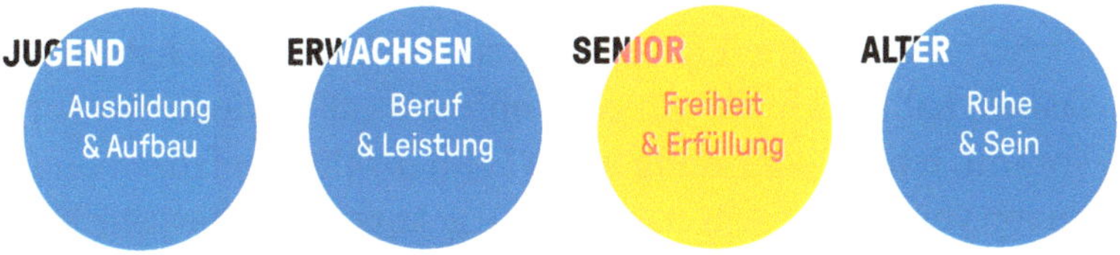

Mit der klaren Definition dieser Phase bekommen wir Senioren einerseits eine neue Position innerhalb der Gesellschaft und andererseits ein neues Selbstverständnis, aus dem sich neue Möglichkeiten und eine neue Verantwortung ergeben.

Ich bin müde!

Fast zwei Monate sind vorbei und die erste Euphorie über die viele Zeit und Freiheit hat sich etwas gelegt. Die letzten Tage habe ich ein Gefühl bemerkt, das ich bis dato nicht kannte oder zugelassen habe: ich bin müde! Es ist früher Nachmittag und ich bin einfach müde. Dabei ist das Wetter noch immer schön und ich könnte so vieles unternehmen. Stattdessen gebe ich nach und lege mich nieder. Das habe ich noch nie gemacht, außer wenn ich krank war. Aber das ist ja etwas anderes. Ich bin kerngesund und trotzdem fallen mir fast die Augen zu.

Ich habe die Vermutung, dass jetzt die ganze Entspannung erst richtig beginnt. Mir war nicht klar, wie angespannt ich offensichtlich die letzten Jahrzehnte war. Ich habe meine Jobs sehr gerne gemacht, von ein paar wirklich schrecklichen Monaten abgesehen. Diese liegen schon sehr lange zurück;

genauer gesagt 24 Jahre. Damals habe ich einen betrügerischen Tatbestand in einem Verein aufgedeckt, in dem ich als Vorstand für meine Firma tätig war. Im Anschluss habe ich fast ein halbes Jahr darum gekämpft, dass alles wieder ins Lot kommt. Ich bin sehr zeitig in der Früh ins Büro gefahren und knapp vor Mitternacht nach Hause gekommen. Wie sehr ich damals geistig und körperlich an meine Grenzen gegangen bin, habe ich erst in vollem Umfang realisiert, als ich aus dem ganzen Zirkus erfolgreich aussteigen konnte. In diesem Moment wurde mir bewusst, dass ich die vergangenen Monate nur physisch zu Hause war, während ich tatsächlich keine Sekunde loslassen konnte. Ich wollte und will so etwas nie mehr wieder erleben.

Später, als Verantwortliche für Sicherheit, war ich rund um die Uhr auf die eine oder andere Weise immer angespannt. Meine Hauptaufgabe bestand darin, die strategische Ausrichtung, die wesentlichen Vorbeugungsmaßnahmen und eine neue Fehlerkultur zu etablieren, die sicherstellten, dass wir bestens gerüstet sind und reibungsfrei arbeiten können. In dieser Position fühlt man die Verantwortung für die Sicherheit der Mitarbeiter in allen Poren ganz besonders, wenn es trotz aller Vorkehrungen zu Unfällen kommt, mit all den persönlichen Schicksalen, die daran hängen.

Die Verantwortung, die richtigen Weichen zu stellen, die permanente Motivation für Themen, die nicht das Kerngeschäft betroffen haben und daher nicht immer auf offene Ohren gestoßen sind, Konflikte und Rechtfertigungen für Entscheidungen, all das ist wie eine Bank, in die man permanent eingezahlt hat. Der Unterschied ist nur, dass man beim Ausscheiden kein Kapital mehr hat. Und sich der Körper irgendwann die Energie zurückholt – bei mir ist das offensichtlich jetzt!

Dabei war ich voll entschlossen, meine neue Freiheit vom ersten Tag an auszunützen, um mich jetzt endlich um meine eigenen Aktivitäten zu kümmern. Mit Energetik voll durchzustarten. Und was passiert jetzt? Ich bin müde! Also gut, ich akzeptiere das, nehme meinen Körper liebevoll wahr und lasse ihm jetzt den Vorrang. Er hat es wirklich verdient. Außerdem macht es keinen Sinn, erschöpft etwas Neues zu beginnen. Daher lege ich mich erst einmal hin und genieße das.

Chillen ist schön

Ich leiste Abbitte, mein Sohn, jetzt weiß ich es auch: Es macht Spaß, im Bett zu faulenzen und gute Filme zu schauen.

Während des Studiums meines Sohns war das ein ewiger Zwist. Nicht, dass er nichts geleistet hätte, denn er hat alle seine Prüfungen gut geschafft. Es war mehr die Art und Weise, wie er chillte. Wenn ich an seinem Zimmer vorbeigegangen bin und er lag in seinem Bett, den Laptop auf der Decke und zog sich einen Film, eine Doku nach der anderen hinein, hat mich das sehr beunruhigt. Wie kann man nur im Bett liegen! Untertags! Es war jenseits meiner Vorstellung von einem erfüllten Tag, ganz besonders, wenn draußen die Sonne schien.

Das Blatt hat sich gewendet! Während mein Sohn jetzt seinem Job nachgeht und die chilligen Stunden im Bett weniger und weniger werden, hole ich auf. Keine Frage, es macht Spaß im Bett zu liegen. Vorausgesetzt, der Laptop oder ein gutes Buch ist dabei. Und nachdem das Wetter sowieso immer schön ist, versäume ich auch nichts.

Selbstverständlich hatte er recht! Wann, wenn nicht während des Studiums, hat man die Zeit und Muße, sich Dingen hinzugeben, die nicht unbedingt einem klaren Zweck dienen? Da wir in meinem Studiengang jährlich nur knapp zwanzig Studenten waren, glich mein Studium eher einer Schule. Wir hatten viele Labortätigkeiten mit Anwesenheitspflicht. Bei 20 Studenten wäre es aufgefallen, nicht anwesend zu sein und nur zur Prüfung zu kommen. Trotzdem hatten wir viele Freiheiten, vermutlich mehr als viele Studenten heute, die so intensiv arbeiten und schwierige, selektive Aufnahmeprüfungen bestehen müssen.

Ich hatte während meiner Managementzeit viele Praktikanten und war oft überrascht, mit welcher professionellen Herangehensweise sie ihre Ausbildung planten. Und zwar ausschließlich zweckorientiert und optimiert. Der Lebenslauf sollte möglichst alles enthalten, was ein zukünftiger Personal-Manager lesen wollte. Immer wieder habe ich lange Diskussionen mit ihnen geführt und riet ihnen, diese wundervolle Zeit zwischen Schule und Job dazu zu nutzen, sich mehr Zeit zu nehmen, um Dinge zu tun, die man später nie wieder macht. Vielleicht war das auch ein bisschen *mein* Traum, weil ich viel zu brav war. Viel zu geradlinig meinen Weg gegangen bin. Was würde ich eigentlich gerne nachholen? Ich glaube, am meisten würde mich zielloses Trampen reizen. Kein geplanter Urlaub, sondern ein Driften von einem Ort zum anderen, ohne zu wissen, wohin es geht. Mal schauen, ob ich das auch wirklich mache. Vorerst gibt es einmal gute Filme im Bett.

Krafttraining ist angesagt

„Ausdauertraining ist nicht genug, um im Alter fit zu sein!" Diese bittere Erkenntnis teilte mir vor kurzem mein Physiotherapeut mit, den ich wegen einer alten Meniskusverletzung aufsuchte. Ich mache wirklich gerne Sport, aber langsam irgendwelche Gewichte zu stemmen oder mich mit Maschinen abzumühen, das ist nicht meine Sache. Brauche ich auch nicht, meinte er, aber um den Kraftaufbau von Muskeln werde ich nicht herumkommen. Für meine Knochen und Sehnen wäre es sowieso unerlässlich, wenn ich auch mit 90 noch kraftvoll sein will. Damit trifft er ins Schwarze, denn das brauche ich, um für meine Vision gerüstet zu sein. Diese Arbeit werde ich mit Energetik alleine wohl nicht kompensieren können. Im Internet finde ich folgendes zu diesem Thema: *Gerade bei Frauen lässt im Alter die Stabilität der Knochen und die Elastizität von Bändern und Sehnen nach. Ohne körperliches Training nimmt die Muskulatur bei den über 60-Jährigen pro Jahrzehnt um zehn Prozent ab. Krafttraining ist eine effektive Prophylaxe gegen Osteoporose.* [10]

Also mache ich jetzt einige ungewohnte Übungen, bei denen es mir manchmal so vorkommt, als würde ich Muskeln verwenden, die in den letzten Jahrzehnten ein Schlummerdasein geführt haben. Es geht also los mit Muskelaufbau!

Meine Termine und vergessene Termine.

Ich kann es nicht fassen! Ganz selten habe ich während meiner Berufsjahre in Unternehmen einen Termin vergessen. Ich meine, richtig vergessen. Aber in diesem Monat gleich zwei Mal. Auch, wenn meine Partner das mit einem Schmunzeln angenommen haben und wir gleich einen neuen Termin vereinbaren konnten, mir war es unendlich unangenehm. Es liegt wohl daran, dass ich in meinem Freiheitsdasein keine Routine darin habe, mir meine fixierten Termine zu merken. In der Früh genieße ich es, nicht den ersten Blick auf den Computer zu richten, um zu sehen, was heute alles ansteht, sondern gebe mich dieser Zeit hin, die mir gehört. Vielleicht ist es besser, wenn ich es zu meinem Abendritual mache, mich darauf einzustimmen, was der nächste Tag bringt und wie ich ihn erleben will.

JULI

Was ist Urlaub, wenn man immer frei hat?

Urlaub, das war für mich immer so etwas, wie „raus aus dem Alltag“. Obwohl man bei uns wundervoll Urlaub machen kann, wollten wir immer möglichst weit wegfahren. Die Welt erkunden! Dieses Abenteuer brachte uns auch tiefe, richtige Entspannung.

Jetzt brauche ich allerdings keine Entspannung mehr. Was für ein neues Gefühl. Noch nie bin ich so ausgeruht in den Urlaub gefahren. Aber das Ausbrechen von zu Hause, die Lust auf Ferne und ein moderates Abenteuer, sind geblieben und für mich und meinen Mann unabdingbar mit dem Gefühl von Urlaub verbunden. Und genau deshalb ist Urlaub nach wie vor wichtig, auch wenn man immer frei hat. Es bedeutet für mich das Eintauchen in ganz neue Situationen, Länder und Gegenden, so leben, wie wir es sonst nie machen, das Ausprobieren von neuen Speisen und vor allem, unser Miteinander zu genießen. Letzteres können wir auch im Alltag, aber so eng erleben wir unsere Zweisamkeit nicht immer. Einen Teil des Alltags spulen wir oft nebeneinander ab, aber im Urlaub erleben wir jeden Tag gemeinsam und intensiver.

Unser Ziel war heuer das Nordkap. Von Wien bis zum Nordkap und zurück mit einem Wohnmobil. Dafür haben wir uns fünf Wochen Zeit genommen. Ich kann mich gar nicht erinnern, dass ich jemals eine so lange Reise gemacht habe. Diese neue Freiheit ist großartig.

Die Reise führte uns zuerst von Österreich durch ganz Deutschland nach Dänemark. Obwohl überall viel Verkehr war, haben wir die Autobahnen in Deutschland so gelassen wie noch nie erlebt, denn wir hatten überhaupt keine Eile. Wie unterschiedlich doch die Wahrnehmung sein kann, wenn man entspannt ist.

Schweden ist groß und der Weg bis zur finnischen Grenze lang. Wir fahren hunderte Kilometer kerzengerade, wie in einer Schneise von Fichten, Kiefern und manchmal Birken. In vielen Blogs haben wir vorher gelesen, wie öd und langweilig viele Reisende diese Strecke empfinden, und ich kann mir lebhaft vorstellen, dass man ungern einen oder mehrere Urlaubstage hergibt, um 700 Kilometer lang kaum Abwechslung zu erleben. Wir allerdings genießen dieses Dahingleiten und das Spiel der Wolken über uns.

Ab Finnland nehmen wir uns sehr viel Zeit. Zeit zum Anschauen, Zeit zum Genießen. Zeit für uns. In dem Maß, wie die Landschaft karger wird, weniger Menschen um uns sind, dafür immer mehr Landschaft, Seen und weiter Himmel, desto ruhiger und genussvoller wird unsere Reise. Wundervoll, die Abende nördlich des Polarkreises, wo die Sonne nicht mehr verschwindet. Ganz langsam nähert sie sich dem Horizont, um dann wieder aufzusteigen. Selbst um Mitternacht kann man noch vor dem Wohnmobil sitzen und ohne Licht ein Buch lesen. Auch wenn es immer noch taghell ist, gewöhnt man sich daran, schlafen zu gehen.

Leider zeigt sich das Nordkap von der nebeligen, stürmischen Seite. Wir können zwar den Globus, das Wahrzeichen des Nordkaps, sehen und das obligatorische Foto machen, aber der Nebel nahm uns jede Aussicht. Trotzdem ist es ein magischer Platz, das nördliche Ende Europas, mehr als 3.600 Straßenkilometer von zu Hause weg.

Unser kleines Wohnmobil erweist sich als perfekte Wahl. Nicht zu glauben, wie gut wir auf knappen acht Quadratmetern Grundfläche leben konnten, selbst wenn das Wetter zeitweise nicht so gut war. Natürlich haben wir ziemlich scharf nachgedacht und geplant, was wir unbedingt mitnehmen wollen. Erstaunlich, mit wie wenig man doch auskommt! Eine kleine Tasche mit Kleidung für alle möglichen Witterungen, ein paar Bücher, Lebensmittel und Getränke für ein paar Tage, sowie Computer und Handy. Das war es im Wesentlichen. Es tut richtig gut, einige Wochen nur mit dem Notwendigsten zu leben.

Die Erlebnisse auf dieser Reise von über 10.000 Kilometern, das Leben in einem richtig kleinen Wohnmobil, die vielen neuen Eindrücke, all das bereichert uns enorm. Wir haben schon viele Reisen gemacht, doch diese war besonders eindrucksvoll. Nicht nur die menschenleere Landschaft und das Eintauchen in großteils unberührte Natur waren dafür entscheidend, sondern auch unsere gesteigerte Offenheit und Ruhe. Obendrein war es ein gutes Gefühl, unsere Eindrücke zu Hause in aller Ruhe zu verarbeiten und nicht schon wieder zum nächsten Termin hetzen zu müssen.

Ein Jobangebot! Will ich das? (Teil 1)

Gestern hat mich ein ehemaliger Geschäftspartner angerufen und gefragt, ob ich mir vorstellen könne, für seine Firma zu arbeiten. Halbtags, oder auch nur auf Basis eines Werkvertrages. Es ginge um Projektmanagement sowie die Organisation und Leitung eines Forschungsnetzwerkes; also genau das, was ich in den letzten Jahren gerne gemacht habe. Ein großartiges Gefühl stellte sich ein: Ich werde gebraucht! Es hörte sich wirklich gut an. Trotzdem zögerte ich. Zum ersten Mal zögerte ich bei einem interessanten Jobangebot. Will ich wirklich meine Freiheit teilweise wieder aufgeben und mehr desselben machen wie bisher? Was ist dann mit meinen neuen Aktivitäten, die ich ausbauen möchte? Ist das wieder ein Grund, um meinem eigenen Weg nicht mit voller Aufmerksamkeit zu folgen, weil der andere einfacher scheint und verlockend ist?

Noch vor kurzem bin ich solche Entscheidungen überwiegend mit Rationalität und Logik angegangen. Wenn ich also eine reine Vernunftentscheidung treffen würde, hieße das: *Es gibt ein gutes Angebot, du kannst diese Arbeit, sie wird gut bezahlt, du hast die Zeit, also mach sie!* Vermutlich hätte ich noch eine Plus- und Minus-Liste oder Ähnliches gemacht. Aber heute will ich eine Entscheidung treffen, die primär mit meinem Herzen in Einklang steht. Das klingt vielleicht pathetisch, ist aber auch nach den neuen Forschungsergebnissen alles andere als von der Hand zu weisen. Unser Herz ist nicht nur die Pumpe, die unser Blut durch den Körper fließen lässt, sondern hat ein unabhängiges Nervensystem, das Ähnlichkeiten mit dem des Gehirns hat. Trotzdem gibt es große Unterschiede zwischen „Kopfdenken“ und „Herzdenken“. [11] Typisch für das Kopfdenken ist, dass es sich aus der Vergangenheit speist und auf Erfahrungen aufbaut. Diese Art des Denkens ist für unsere heutige Zeit besonders typisch und eine erfolgreiche Planungsmethode: Erfahrungen werden analysiert, bewertet und auf die Zukunft übertragen. Deren Schwachpunkt im Themenfeld *Entscheidungen* liegt aber darin, die Erfahrungen der Vergangenheit zum alleinigen Maßstab für die Beurteilung der Zukunft zu machen. Daher engt sie damit neue Möglichkeiten massiv ein.

Das Herzdenken hingegen geht einen ganz anderen Weg. Es ist nicht auf Analyse des Vergangenen ausgerichtet, sondern erlaubt uns, Möglichkeiten der Zukunft in ihrer ganzen Vielfalt zu erfassen, indem es uns ein klares Gefühl für die Situation gibt und uns spüren lässt, ob etwas für uns gut ist. Das sind zwar die neuesten Erkenntnisse, die Realität zeigt jedoch, dass wir sehr wenig Übung im Herzdenken haben und diese Gefühle daher immer wieder ignorieren. Ich werde allerdings jetzt dem Herzdenken mehr Raum geben und die Entscheidung über dieses Angebot erst einmal von dieser Seite her betrachten und mir dafür genügend Zeit geben.

So fühlt sich Hochsommer in Wien neu an

Wir sind vom Urlaub zurück und es ist Hochsommer. Hochsommer in Wien. Es hat dreißig Grad und ist wunderschön. Jeden Tag! Vor allem: Ich kann all diese Tage in vollen Zügen genießen! Was werde ich wohl alles machen?

Wien bietet so viele Aktivitäten, und wir haben bisher viel zu selten davon Gebrauch gemacht. Heuer möchte ich mehr davon genießen. Hier ist nur eine kleine Auswahl von Dingen, die mein Mann und ich in den letzten Tagen unter der Woche gemacht haben und die unserem Leben in diesem Hochsommer mehr Farbe geben.

Wir treffen uns mit einer Freundin am Rathausplatz und genießen an einer der vielen Buden internationale Spezialitäten zwischen unendlich vielen Touristen. Wir fahren Kanu auf einem Seitenarm der Donau. Dort sind wir zu dieser Tageszeit gänzlich alleine und es fühlt sich an, als würden wir in einem der berühmten Seerosenbilder von Monet unterwegs sein. Wir mieten uns ein Elektroboot und fahren an einem Nachmittag genussvoll über die Alte Donau. Kurzzeitig ist es wieder hier, das Gefühl von Schulschwänzen. Darf ich das jetzt wirklich machen, unter der Woche?

Wir besuchen eine Ausstellung im Museum für angewandte Kunst und wandern mit einer 3-D Brille durch Gemälde von Gustav Klimt. Das ist ein Erlebnis der besonderen Art. Auf der einen Seite hat es mich an die Videospiele von meinem Sohn erinnert, auf der anderen Seite hatte ich tatsächlich das Gefühl mitten drinnen zu sein, neben den Blumen, die wachsen, dem Wasserfall und den Schlingpflanzen.

Heute um neun Uhr läutete es und ein Freund schaute völlig unangemeldet auf einen Kaffee vorbei. Ich liebe solche Überraschungen! Viel zu selten sind sie in der letzten Zeit gewesen. Wir saßen auf der Terrasse, tranken Espresso und plauderten über Gott und die Welt. Es war und ist immer nett mit ihm. Er war früher ein sehr erfolgreicher Grafiker und Werbefachmann und hat jetzt, nachdem er in Pension gegangen ist, zwei neue Aktivitäten, die ihn voll ausfüllen. Alle paar Wochen fährt er nach Italien und bringt ein Auto voll Schlemmereien mit, die er an Freunde verkauft. Er hat inzwischen eine Ausbildung als Olivenöl-Sommelier abgeschlossen und sich großes Wissen und ein Netzwerk über kleine, biologisch arbeitende Lieferanten diverser Lebensmittel in Norditalien angeeignet. Daneben hat er begonnen, seine künstlerischen Talente in großformatigen Bildern und in unterschiedlichsten Stilrichtungen auszudrücken. Im Winter malt und arbeitet er in einem Atelier, aber im Sommer drängt es ihn in einen Park, wo er bereits einen „Stammtisch“ für sich und seine Malerei hat. Natürlich kennt er auch bereits alle Damen mit ihren Hunden, die täglich zum Plaudern vorbeikommen. Ich bewundere ihn und die Art, wie er seine Freiheit mit dem erfüllt, was ihm am meisten Spaß macht.

Der Tag ist zu schön, um zu Hause zu bleiben. Ich schnappe mein Fahrrad und fahre den Treppelweg die Donau entlang. Er ist jahrelang mein Weg ins Büro gewesen, den ich bei fast jedem Wetter und in jeder denkbaren Stimmung hin- und zurückgefahren bin. Während ich fahre beobachte ich, wie auf der Donau zwei Motorboote fahren, daneben werden die Flusskreuzfahrt-Touristen gerade zum Mittagessen zum Schiff zurückgebracht. Etwas weiter am Ufer steigt gerade ein Kindergeburtstag mit vielen Luftballons und Spielen. Am Weg zur Marina sehe ich ein junges Pärchen unter einer Brücke verschmust am Ufer sitzen. Ich bin mir nicht sicher, dass ich all das früher wirklich wahrgenommen hätte, weil ich mit meinem Gedanken bereits oder noch immer in der Arbeit war. Heute nehme ich mein gesamtes Umfeld mit viel größerer Achtsamkeit und Aufmerksamkeit wahr und bin viel präsenter.

Ein Sommer wie in meiner Schulzeit

Meine Familie lebte in einer kleinen Stadt in Oberösterreich, in einem Siedlungshaus mit Garten. Während der Schulzeit verbrachte ich dort den Großteil meiner Ferien, abgesehen von den Familienurlauben. Ich erinnere mich an die Ruhe dort. Daran, dass ich geschlafen habe, solange ich wollte, dass in der Früh Tau auf den Gräsern glänzte und wir uns fast den ganzen Tag im Garten aufhielten, wenn das Wetter einigermaßen schön war. Es gab absolut kein Programm, keine Feriencamps, keine Animation und ich musst mir immer etwas Neues einfallen lassen. Es waren einige Kinder in der Nachbarschaft, mit denen ich, besonders als ich klein war, spielte. Aber als wir größer wurden, trennten sich unsere schulischen Wege und damit auch unsere Interessen. Wir hatten natürlich damals kein Internet, kein Handy, sondern nur teures Festnetz. Die spontane Kommunikation mit meinen Schulfreundinnen und Freunden, die nicht in meiner Umgebung, sondern in der 25 Kilometer entfernten größeren Stadt lagen, wo ich in die Schule ging, war kaum möglich.

Fernsehgeräte gab es zwar, aber nur zwei Sender mit sehr wenigen Auswahlmöglichkeiten. Ich musste also tatsächlich erfinderisch sein und der drohenden Langeweile zu entkommen. Daher habe ich in diesen Sommerferien alles Mögliche ausprobiert und mir selbst beigebracht: Schreibmaschine schreiben mit allen zehn Fingen (ist ja nicht viel anders als Klavierspielen, dachte ich), malen, Teppich knüpfen, das war damals sehr in Mode. Mit Leidenschaft schrieb ich Briefe an Brieffreunde in aller Welt. Als ich klein war, habe ich eine Geheimschrift entwickelt und praktiziert. Und in einem Sommer habe ich mit den anderen Kindern der Straße eine Theateraufführung in unserem Garten organisiert. Zwischendurch habe ich meiner Mutter geholfen, die Früchte aus unserem Garten einzukochen und von meiner Großmutter gelernt, wie man mit einer fußbetriebenen Nähmaschine näht. Ich habe Sessel lackiert und manchmal auch völlig unnötige Dinge ausprobiert. Immer noch glaube ich, dass Langeweile Kreativität fördert. Doch heute haben wir praktisch keine Langeweile mehr oder können sie sehr einfach umgehen.

Manchmal überkommt mich dieses Gefühl von Langeweile auch jetzt in meiner neuen Freiheit und es ist total ungewohnt. Fast habe ich ein schlechtes Gewissen, wenn ich sie bemerke, und bin geneigt, sofort etwas Sinnvolles zu tun. Heute widme ich mich zum Beispiel unseren Pflanzen und Kräutern auf der Terrasse. Es braucht für mich kein großer Garten zu sein, aber mich mit Blumen zu befassen und sie zu pflegen, das habe ich immer schon gerne getan.

In der Früh geht kein Wecker und an Tagen, wo es kein Programm gibt, tauchen Gefühle und Stimmungen aus meiner Kinder- und Jugendzeit wieder auf, wie die Freiheit, die ich damals schon hatte und nicht wertschätzen konnte, weil sie so normal und manchmal langweilig war. Heute werden Kinder von einem Summercamp in das nächste verfrachtet, wo sie tagsüber animiert werden, weil Mama und Papa im Job sind und nicht so viel Urlaub haben. Auch wir haben das gemacht. Viele dieser Camps sind sehr gut und die Kinder können richtig interessante Sachen ausprobieren, aber diese Freiheit der Langeweile, die lernen sie nicht mehr kennen.

Freiheit der Langeweile. Wie gehe ich heute damit um? Ehrlich gesagt, ich weiß es noch nicht. Denn de facto versuche ich immer etwas zu tun. Unsere vernetzte Welt macht das auch sehr, sehr einfach. Der Laptop ist wie ein Magnet. Er ermöglicht es mir, permanent in neue Welten einzutauchen und mich abzulenken. Ich habe noch kein Rezept für diese neue Langeweile und was sie mir Neues eröffnet.

Was erinnert mich noch an die Ferien in meiner Kinder- und Jugendzeit? Es sind die Grillen. Genau. Sie sind für mich der Inbegriff des Sommers und heuer höre ich sie besonders stark. Sie eröffnen jeden Abend ihr Konzert und ich genieße es. Ein weiteres ganz typisches Beispiel meiner Ferien war, dass mein Vater manchmal an einem richtig heißen Tag zu Mittag angerufen hat und verkündete, dass wir am Abend „zum Abkühlen" an einen der Seen im Salzkammergut zum Essen fahren. Es war das Highlight des Tages, aus der Siedlung in diese wunderschöne Urlaubsgegend zu kommen und den Abend am Ufer eines Sees zu verbringen. Dieses Bedürfnis rührt sich auch wieder mehr und mehr und ich habe unglaubliche Lust, die vielen Möglichkeiten, die Wien im Sommer bietet, zu nützen: mit dem Rad an die Alte Donau zu fahren, um dort am Abend zu entspannen oder eines der vielen Lokale aufzusuchen. Zu Hause zu sitzen, wo ich den ganzen Tag bereits gechillt habe, ist auf Dauer zu wenig.

Langeweile, eine vergessene Kunst

Ich habe im letzten Kapitel über das Gefühl der Langeweise gesprochen, das ich aus meinen Ferien und aus meiner Schulzeit kenne. Besonders aus meiner Teenagerzeit ist mir dieses Gefühl von Leere an langen Wochenenden oder in den Sommerferien noch sehr bewusst. Während ich dieses Gefühl wieder aufkeimen spüre, stolpere ich heute über einen Artikel, in dem beschrieben wird, wie das Phänomen der Langeweile wissenschaftlich untersucht wird und als notwendige Voraussetzung für Kreativität gilt. In Artikeln wie

Boredome is a lost art (Langeweile ist eine verlorengegangene Kunst) weisen Psychologen nach, dass unser Gehirn diese Auszeiten braucht, damit sich neue Ideen überhaupt zeigen können. Eine Journalistin schreibt in ihrem Artikel *Bored and Brilliant, "I kind of realized that I have not been bored since I got a smartphone seven years ago" ("Ich habe irgendwie wahrgenommen, dass ich nicht mehr gelangweilt war, seit ich vor sieben Jahren ein Smartphone bekommen habe")*[12]

Mit der Langeweile ist das so eine ambivalente Sache. In meiner Jugend war es definitiv kein Qualitätskriterium gelangweilt zu sein. Es bedeutete, ganz im Gegenteil, ich wüsste nichts mit mir anzufangen. Prompt folgte oft die Aufforderung der Erwachsenen: „Dann such dir doch etwas! Tu was! Häng nicht nur herum!"

Das Gleiche gilt natürlich auch für Senioren, wenn sie der Eintönigkeit frönen, immer über das Gleiche jammern und nichts Neues mehr entsteht. Das ist wohl die eine Seite der Langeweile, die ich eher destruktive Leere nennen möchte, weil die Emotionen, die damit verbunden sind, negativ sind. Trauer vielleicht, möglicherweise Ärger oder Frust, jedenfalls nichts Belebendes.

Wenn wir aber Langeweile und Leere aus einer positiven Grundstimmung erleben, kann ich mir sehr gut vorstellen, dass dies genau der Raum ist, aus dem sich völlig neue Bilder und Möglichkeiten zeigen. So eine Art freudiger Neugierde: Was wird sich wohl zeigen? Keine Vorgaben, keine Planung, keine Einschränkungen, nur wahre Offenheit.

Wie geht man das an? Soll ich mich einfach hinsetzen und nichts tun? Dieses Kapitel hatten wir schon. In dem Moment rattern tausende Gedanken durch meinen Kopf und zwingen mich quasi zur Aktivität. Ich kann mir aber vorstellen, zumindest einmal das Fernsehen zu reduzieren und Abende nicht zu verplanen. Das ist doch ein guter Anfang. Eine andere Möglichkeit ist es, alleine spazieren zu gehen, ohne Ziel und ohne dabei die Schritte zu zählen, um das Plansoll für den Tag zu erfüllen. Schlendern also. Alleine. Das könnte ich ja mal versuchen. Auch Mandalas ausmalen ist eine gute Möglichkeit, um abzuschalten. Doch einer der besten Wege, um in die Leere zu kommen, ist Meditation und die mache ich sowieso mit Freuden fast jeden Tag.

Gestern habe ich mit einer Freundin gesprochen, die meinte, sie wüsste sich ja immer etwas zu tun, aber seit ihr Mann in Pension ist, merke sie, dass er oft einfach nur die „Zeit totschlägt". Was ist also der Unterschied zwischen Leere, kreativer Langeweile und Zeit totschlagen? Ich glaube, es geht nicht um das, was man physisch macht, etwa Kreuzworträtsel lösen, dösen, herumhängen, sondern um die Grundeinstellung und Intention, die sowohl das eigene Leben generell betreffen als auch die aktuelle Situation.

Bleiben wir bei den Grundeinstellungen und den Glaubenssätzen. Wenn man etwa das Gefühl hat „zum alten Eisen" zu gehören, oder bei Eltern oder anderen Bezugspersonen gesehen hat, wie sie im Alter langsam, aber sicher verfielen, kann sich leicht die Einstellung verfestigen, dass das einfach so sein muss und man selbst unweigerlich darauf zusteuert. Dann ist es überaus schwierig, dem Alter auch nur irgendetwas Positives abzugewinnen. Wie heißt es immer? Wir ziehen unsere Realität an! Mit einer positiven Grundeinstellung allerdings, etwa „das Alter ist die Krönung meines Lebens", wird die Zeit der Leere oder Langeweise zu einer Quelle neuer Ideen und Ansichten. Aus ihr kommt dann genau das, was für mich in dieser Situation das Beste ist.

Mein Mann spielt gerne Solitaire. Früher war das aus meiner Sicht ebenfalls nur „die Zeit totgeschlagen". Heute erkenne ich, dass es seine Art ist, zu meditieren. Es passiert nicht selten, dass er plötzlich aufhört, mit strahlendem Gesicht zu mir kommt und mir irgendeine neue Einsicht erzählt.

Ich gehe meinem Mann auf die Nerven

Nachdem wir jetzt beide in Pension sind, müssen wir uns gemeinsam neu organisieren. Mein Mann hat schon lange sein Büro zu Hause und das Daheimsein ist für ihn keine so große Umstellung wie für mich. Ich bin ja jeden Morgen ausgezogen und am Abend wieder zurückgekommen. Jetzt bin ich den ganzen Tag lang da. Es ist einerseits wunderschön, die Tage gemeinsam zu genießen, sowohl zu Hause als auch, wenn wir gemeinsam etwas zu unternehmen. Aber es gibt auch Zeiten, wo mein Mann seinen Arbeiten nachgehen möchte und nicht permanent von mir angesprochen oder mit immer neuen Ideen überhäuft werden möchte.

Das gemeinsame Zu-Hause-sein verleitet dazu, jederzeit meinen Mann mit dem überfallen zu können, was mir gerade einfällt und was ich gerne teilen möchte, als Frage, als Hilfe oder einfach nur so. Er schaut mich dann an, schmunzelt in seiner wundervollen, liebenswürdigen Art und Weise und meint: „Kann ich das fertigmachen? Ich habe etwas zu tun." Meine kurze, ehrliche Antwort darauf: „Aber ich nicht!" Also ziehe ich mich zurück mit dem, was mir auf der Zunge lag. Meistens waren es sowieso nur Kleinigkeiten. Ja, das richtige Gefühl dafür werde ich erst noch entwickeln.

Im Job und im Büro hat man permanente Ansprache und oft beklagt man, dass die Unterbrechungen viel zu häufig sind und man kaum einen Gedanken fassen kann, schon klingelt das Telefon, kommt ein E-Mail herein oder ein Kollege kommt vorbei. Permanente Ablenkung nennt man das, eine der größten Seuchen unserer Gesellschaft. Auch ich war es so gewohnt, sofort meine Bedürfnisse nach Information zu befriedigen, sofort eine Frage zu stellen, damit ich weiterarbeiten konnte. So setzte ich diese Unsitte zu Hause fort. Im Grunde wirkt diese Sucht nach „Ich-muss-es-sofort-wissen“ im Büro ebenso störend. Viele Kollegen oder Mitarbeiter würden es sehr schätzen, nicht immerzu unterbrochen zu werden.

Die neue Freiheit braucht Platz

Ausmisten gehört zu den wichtigen energetischen Regeln. Das ist allerdings nicht immer ganz leicht, wenn man die Erinnerungen an verschiedene Stücke eben doch noch nicht ganz fallen lassen möchte, oder man von Natur aus eine Sammlerpersönlichkeit ist. Ich rechne mich nicht wirklich zu den Sammlern, schon eher zu den Sentimentalen, die mit den verschiedenen Dingen ein schönes Gefühl abrufen können. Mein Mann oder mein Sohn trennen sich viel leichter von Dingen, die sie nicht mehr brauchen, als ich. Unter ihrem Motto „Wenn du das die letzten 10 Jahre nicht gebraucht hast, ist die Wahrscheinlichkeit gering, dass du es in Zukunft vermissen wirst“, habe ich auch früher immer wieder ausgemistet. Jetzt hat mich mein Wunsch nach mehr Freiheit dazu verleitet, einmal ganz tief in die verschiedenen Laden einzutauchen.

Auf der einen Seite könnte man sagen, Aufräumen kann doch keine Wissenschaft sein, keine Hexerei, das ist doch eine Sache, die jeder kann und nur etwas Konsequenz erfordert. Auf der anderen Seite gibt es aber selbst dafür inzwischen diverse Ratgeber, also muss etwas dran sein, wie es einfacher geht.

Die Japanerin Marie Kondo etwa hat ihr Leben der Ordnung gewidmet und eine Methode entwickelt, die unter dem Namen KonMari auch im deutschen Sprachraum bekannt wurde. Sie zählt heute nach dem TIME Magazine, zu den 100 einflussreichsten Menschen der Welt. Ihr Buch *Magic Cleaning: Wie richtiges Aufräumen Ihr Leben verändert*[13] wurde ein Bestseller weltweit. Sie meint: „Die Unordnung im Zimmer entspricht der Unordnung im Herzen und Ordnung machen macht demgemäß glücklich."

Der Erfolg ihrer Methode liegt im ganzheitlichen Ansatz begründet, denn sich von Dingen zu trennen, ist eine emotionale Angelegenheit. Nostalgie, Erinnerung und verschiedene vage Ängste spielen dabei eine wesentliche Rolle. Nach Kondo können zwei Drittel in einem Haushalt oder am Arbeitsplatz einfach entsorgt werden, und nur was Freude bereitet, soll behalten werden. Sich von Kleidung zu trennen fällt den meisten eher noch leicht, bei Büchern, Kleinkram oder Erinnerungsstücken ist das bei weitem schwieriger. Kondo empfiehlt nicht nach örtlichen Gegebenheiten, also Kasten oder Zimmer, zu entrümpeln, sondern nach Kategorien wie Kleidung, Papier, Bücher, Kleinkram etc. Alles von einer Kategorie, das im gesamten Haushalt zu finden ist, kommt auf einen einzigen Haufen, damit man das ganze Ausmaß vor Augen hat. Dieses "Schockerlebnis" ist nach Kondos Meinung wichtig, da die Visualisierung hilft, sich klar zu werden, wie viele Sachen man eigentlich hat und einem die Dringlichkeit des Ausmistens bewusst wird.

Danach geht es Schritt für Schritt: Man nimmt eine Sache ganz bewusst in die Hand und schaut das Ding mit voller Aufmerksamkeit an. Es geht jetzt nicht um einen logischen, rationalen Bewertungsprozess, sondern darum darauf zu achten, was einem dieser Gegenstand bedeutet. Alle Gegenstände tragen Energie in sich und strahlen etwas aus. Daher ist es im ersten Schritt wichtig sich bewusst zu werden, wie sich der Gegenstand anfühlt. Der Körper zeigt das problemlos an, wenn man den kritischen Verstand für einen Moment ausschaltet. Diese Vorgangsweise ist etwas gewöhnungsbedürftig und ungewohnt. Wir sind viel mehr gewohnt ein Ding nach Optik, Kosten oder Funktionalität zu bewerten. Man achtet hier also schlicht auf die Körperreaktion während man den Gegenstand in der Hand hält und folgende Fragen stellt: „Wie fühlt sich der Gegenstand an? Zieht er einen hinunter? Fühlt es sich neutral an? Spürt man etwas Wärme oder Freude? Liebt man diesen Gegenstand?“

Nach Marie Kondo geht es nicht darum sich den Kopf zu zerbrechen, was man loswerden sollte oder wie wichtig der Gegenstand vielleicht noch ist. Es geht vielmehr um die Frage: *Macht es mich glücklich? Schenkt er mir Freude? Inspiriert mich dieses Ding?* Mit diesem radikal anderen Ansatz sortiert man nicht nur erfolgreich aus, man setzt sich auch intensiv mit sich selber auseinander. Unweigerlich tauchen

Fragen auf: „Wie will ich sein? Womit will ich mich umgeben? Wie will ich leben? Mit welchen Dingen möchte ich in Zukunft zusammenleben?“

Ein Aspekt, der mir ebenfalls sehr gut gefällt ist, dass man auch all jene Teile, von denen man sich trennt, mit Respekt betrachtet. Auch sie wurden hergestellt, viele Leute haben vielleicht daran gearbeitet und sie haben über eine gewisse Dauer eine Rolle gespielt. Möglicherweise sind sie auch noch ein wichtiger Rohstoff. Beim Weggeben von einer Zeitschrift zum Beispiel kann man sich mit einem kurzen Gedanken bedanken, etwa: „Du warst wichtig, weil ich etliches Neues gelesen und erfahren habe.“

So inspiriert, mache ich mich also an die Arbeit. Siehe da, ich finde Malfarben zum Bemalen von Fenstern, die ich gekauft habe, als unser Sohn noch in der Volksschule war, Wachstafeln und Buntpapier, ebenfalls aus dieser Zeit. Alles schon ziemlich vergammelt und nicht mehr zu gebrauchen und sie lösen wirklich kein gutes Gefühl mehr in mir aus.

Säckeweise habe ich alte Dinge aussortiert, die mir absolut nichts mehr sagen, sodass jetzt tatsächlich viel Platz ist. Platz für Neues. Auch wenn es manchmal nicht so leicht ist und ich noch einmal abwäge, ob ich das kleine handgemachte Geschenk einer Windturbine zum Abschied von meiner Firma noch behalten soll oder nicht. Hier hilft die Frage „Macht mich dieses Ding glücklich?“ ungemein. Und in diesem Fall war meine Antwort im Herzen ein klares JA! Bei den vier Päckchen Patiencekarten ist die Antwort ganz anders ausgefallen. Und so ist es dahingegangen: „Brauche ich die Originale meiner Mitschriften von verschiedenen Ausbildungen, die ich sowieso im Computer gespeichert habe oder machen sie mich glücklich, weil sie die Energie von damals noch tragen? Brauche ich alte Radkarten oder Wanderkarten nur, weil wir einmal dort waren oder inspirieren sie mich? Brauche ich all die Reste von Bändern oder liebe ich sie? Brauche ich Kinderspiele, an die ich mich überhaupt nicht mehr erinnern kann, weil wir sie so selten gespielt haben? Die entsprechenden Antworten zu finden ging schnell und völlig eindeutig. Ich kann nicht glauben, dass all diese Dinge, die mir nichts mehr bedeuten, meine Schränke und Kästen über Jahre gefüllt haben.

Drei Tage lang habe ich danach jedes einzelne Buch in die Hand genommen, beurteilt, ob es in meinen neuen Lebensabschnitt mitkommen soll, oder ich mich davon trennen will. Der Staub, der dabei zu Tage gekommen ist, war erstaunlich, obwohl wir doch regelmäßig unsere Wohnung pflegen. Alte Bildbände über Whiskybrauereien in Schottland aus dem Jahr 1996, Weinratgeber aus den 1980ern, Bierdokumentationen, teilweise 30 Jahre alt, Erziehungstipps für 3-Jährige, ein Buch über Transaktionsanalyse oder Fachliteratur wie *Die Wasserstoffrevolution – Mobilität der Zukunft* (zehn Jahre alt), sie alle gingen durch meine Hände. Entschieden habe ich schließlich nach Wichtigkeit, Klassiker, Aktualität und natürlich emotionalem Wert. Ein Buch wie *Drei Männer im Schnee* von Erich Kästner, das Lieblingsbuch meiner Kindheit, würde ich niemals weggeben.

Nachdem ich also einen gefühlten Kubikmeter aussortiert habe, die Bücherregale in frischem Glanz erstrahlen und wieder eingeräumt sind, frage ich mich: „Wo habe ich all das Zeugs untergebracht?“ Es gibt keine gähnende Leere in den Regalen, sie sind nach wie vor wohl gefüllt, bieten jetzt aber dennoch etwas Platz, dass Neues kommen kann.

„Bücher wirft man nicht weg!“ Dieser Satz ist tief in uns verhaftet, wir haben ihn unzählige Male gehört, als wir klein waren, und selbst im Zeitalter der Elektronik, wo wir unser Wissen primär über Suchmaschinen beziehen, haben sie einen besonderen Wert. Nach dem Aussortieren kam also die Frage: „Wohin damit?“ Wie gut, dass die Mistplätze* in Wien einen eigenen Flohmarkt für alte Bücher eingerichtet haben, das erleichtert die emotionale Trennung sehr. Außerdem gibt es in unserem Einkaufszentrum ein öffentlich zugängliches Regal, wo man schöne Bücher einfach hinstellen kann oder sich ebenso welche holen kann. Die allerschönsten meiner aussortierten Bücher haben dort einen Platz gefunden, ich bin überzeugt, es freut sich jemand darüber.

* Mistplatz: österreichisch für Müll- und Altstoffsammelzentrum

AUGUST

Leistung oder Verwirklichung?

Gestern hatte ich ein wertvolles Gespräch mit einer meiner Freundinnen. Sie ist viel jünger als ich und gerade in einer besonders produktiven Karrierephase, rund um die Uhr eingesetzt und höchst erfolgreich in ihrem Job. Ganz unverblümt stellte sie mir die Frage, die mir noch so oft begegnen sollte: „Und was machst du jetzt?“ und sie ergänzte, „Was möchtest du in den nächsten 10 Jahren, in den nächsten 30 Jahren machen?“

Wir saßen am Donaukanal in einem der Lokale mit Blick auf die Innenstadt, bei einem Aperol Spritz, schwitzten in der heißen Sonne, und ich überlegte und schwitzte noch ein bisschen mehr, wie ich ihr das erklären sollte, denn genau dieses Thema ist für mich noch so unausgereift. Wie ich schon sagte, ich dachte ich sei vorbereitet! Aber der Umfang an Freiheit und Möglichkeiten hat mich überrascht. Es ist einfach nicht so, dass man nur einen Job ändert, der Lebensrhythmus aber gleichbleibt, so als ob man quasi nur das „Internat“ wechselt. Es ist vor allem der Lebensrhythmus, der sich vollständig ändert und den man neu definieren muss.

Eines ist klar: Ich kann mir nicht vorstellen, in den kommenden Jahren ohne Beruf zu leben. In meinem bisherigen Job hatte ich das große Glück zumindest einen Teil meiner Berufung ausleben zu können. Es ging darum neue Wege und neue Ausrichtungen für Ökologie und Gesundheit im Wirtschaftsleben einzuführen. Im Grunde bin ich immer noch auf diesem Pfad, nur momentan geht es mir noch mehr um Menschlichkeit und Achtsamkeit. Allerdings war die Alltagsarbeit zeitweise in derart operative Korsetts abgeglitten, die mir nicht mehr so viel Spaß gemacht haben. Die Richtung jedoch hat immer gepasst. Mit dem Freiraum sah es allerdings schon weniger gut aus.

Also noch einmal zur Ausgangsfrage: Was soll es denn jetzt sein? Ich antworte meiner Freundin, dass ich definitiv noch etwa 10 Jahre oder länger in irgendeiner Form arbeiten möchte. „Also doch immer noch am Leistungstrip!" meinte sie schmunzelnd. „Nein, nein!" Ich weise das zurück, denn vielmehr geht es mir um Verwirklichung, um den Ausdruck meiner Ideen und um Sinn, weniger um reinen Erwerb oder Leistungsdruck. Es geht um Erfüllung!

Vor 30 Jahren war es meine Vision Umweltschutz in Unternehmen als gleichwertiges Thema zu Produktion und Finanzen einzubringen. Was heute fast normal klingt, war damals eine Revolution und man hat mir oft erklärt: „Wer zahlt denn für so etwas?" Es ist mir in hohem Ausmaß gelungen, genau dieses Ziel zu erreichen, allerdings war es kein einfacher Weg und hat viel Kraft, Energie und Durchhaltevermögen gebraucht.

Heute will ich einen Quantensprung im Arbeitsleben auslösen: Ich will Menschen zeigen, wie sie ihre eigene, innere Macht erkennen, in ihr bestes Strahlen kommen und auf einfache, intuitive Art und Weise im Alltag und Business erfolgreich sind. Doch diese Arbeit will ich nur mit jenen Menschen machen, die dazu wirklich bereit sind. Und ja, ich werde nach wie vor gerne Leistung erbringen. Leistung ist schön, wenn sie im Einklang mit meinem Hirn, Herz und

Körper steht und natürlich auch mit meinem neuen Lebensrhythmus. Abschließend meinte meine Freundin: „Dann nimm dir die Freiheit und lass es auf dich zukommen."

Welchen Tag haben wir heute?

Mein Zeitgefühl ist mir völlig abhandengekommen. „Jeder Tag ist Sonntag, nur an einem Sonntag haben die Geschäfte zu. Genauso fühlt es sich an, wenn du in Pension bist", meinte einer unserer besten Freunde.

Tatsächlich, genau so fühlt es sich an. Das bisherige Zeitgefühl löst sich vollkommen auf und es passiert mir immer öfter, dass ich kein Gefühl für die Woche mehr habe: Welchen Tag haben wir eigentlich heute?

Rituale geben dem Leben eine Struktur

Eine Idee, wie man erkennt und merkt, dass heute wirklich Sonntag ist, stammt von einer Freundin, die ebenfalls ihre neue Freiheit erforscht: „Sonntag ist, wenn wir in der Früh ein Ei essen." Offensichtlich sind auch in diesem neuen Lebensabschnitt Rituale essentiell. Ich glaube fest an Rituale. Sie geben unserem Leben Struktur, Freude und Beruhigung. Es ist dieses wiederkehrende Bewusstsein für eine besondere Situation.

Einige meiner liebsten Rituale habe ich aus der Vergangenheit mitgenommen und betreffen das Essen: Sankt Nikolaus bringt die ersten Mandarinen, Faschingskrapfen bekommt man natürlich nur im Fasching*, Erdbeeren gibt es im Sommer, ich freue mich auf die Spargelzeit im Mai und die Kürbiszeit im September. In einer Konsumgesellschaft, wie wir sie jetzt haben, wo (fast) immer alles verfügbar ist, scheinen diese selbst auferlegten Beschränkungen fast etwas absurd und unnötig. Aber für mich sind sie wichtig. Ich schaue mir die Mandarinen im Sommer und Erdbeeren im Winter einfach nicht an. Wenn dann der Tag dafür gekommen ist, gibt es eine Geschmacksexplosion in meinem Mund, auf die ich mich freue und die ich rundum genieße.

Genauso finde ich es großartig, dass in unserem Land immer noch die Sonntagsruhe eingehalten wird. In Japan z.B. ist das völlig undenkbar und viele Menschen nutzen dort gerade den Sonntag, um einkaufen zu gehen. So wie man bei uns einen Ausflug in die Natur macht, macht man dort einen Ausflug ins Shopping-Center. Auch das kann ein Ritual sein.

Für mich bedeutet Sonntag: In der Früh genussvoll Kaffee trinken und dazu klassische Musik hören. Das bringt mich in diese feierliche Stimmung, die für mich den Sonntag einläutet. Danach geht es zu meiner 96-jährigen Schwiegermutter zum Plaudern und Spazieren gehen. All das gibt diesem Tag eine besondere Ruhe und Gelassenheit.

Täglich in der Früh, zur gleichen Zeit, ins Büro fahren war auch ein Ritual und gab der Woche und dem Tag Struktur. Jetzt, wo sich mein Zeitgefühl völlig aufgelöst hat, muss ich meine Tagesrituale neu finden und damit meiner neuen

* Fasching: österreichisch für Karneval oder Fastnacht

Freiheit wieder eine Struktur geben, ohne sie einzuschränken. Ich denke, einige werden sich auch automatisch ergeben, wenn sie sich gut anfühlen.

Ein bisschen mehr Stress, bitte

Dieses fluffige Leben ist wunderschön und ich komme mir ein ganz klein wenig komisch vor, wenn ich sage: „Ein bisschen mehr Stress wäre schön!" Dabei liegt die Betonung auf ein bisschen. Keineswegs möchte ich mehr in die Zeiten zurückfallen, in denen ich kurzfristige Abgabetermine hatte oder in denen wir extra Stunden gearbeitet haben, nur um die wichtigen Arbeiten fertig zu bekommen. Letztes Jahr war das noch so, bevor wir das große Forschungsprojekt eingereicht haben. Wir haben täglich wie im Akkord bis in die Nacht hineingearbeitet, nur um den Termin für die Abgabe einhalten zu können. Dabei sind die Nerven bei uns allen ziemlich blank gelegen, was die Situation nicht verbessert hat.

Die Sache an sich war großartig und das Thema interessant, die Leute nett, aber der Umfang der Arbeiten war unglaublich. Das war zu viel. Wie man das besser machen könnte? Ich habe kein wirkliches Rezept dafür, denn Planung alleine ist es nicht. Manches wäre sicher einfacher zu machen gewesen, manches ergibt sich aber auch erst im sogenannten letzten Moment, dann, wenn besonders gute Ideen auftauchen und man sie unbedingt noch einbauen möchte. Solche Zeiten sind wohl immer wieder da und können auf ihre Weise auch genussvoll sein, wenn man weiß, dass sie in absehbarer Zeit nach einer tollen Leistung vorbei sind.

Derzeit gibt es das für mich nicht. Es ist eine Art Schlendrian* eingetreten. Ob ich etwas mache oder nicht, ist allen anderen egal. Mir nicht. Ich wünschte mir tatsächlich etwas mehr konkrete Aufgabe und, bis zu einem gesunden Grad, auch etwas mehr Druck. Eben, ein bisschen mehr Stress, bitte!

Ein Jobangebot! Will ich das? (Teil 2)

Heute bin ich aufgewacht und es war plötzlich sonnenklar: „Mach das nicht mehr! Nimm diesen Job nicht an, geh deinen eigenen Weg." Ich spüre die Klarheit dieser Entscheidung förmlich in allen Fasern meines Körpers. Mein Herz sagt es mir. Ganz klein meldet sich mein Kopf, der seinen Senf dazu geben möchte, noch einmal zu Wort: „Mach es doch, nette Einnahme, du möchtest ja etwas mehr Stress und konkrete Aufgaben", aber die Klarheit in mir überwiegt. Ja, es fühlt sich sehr gut an, nicht mehr meinen alten Themen Raum zu geben, sondern mich voll und ganz dem Neuen in meinem Leben zu widmen.

Das Kinderzimmer wird meine Arbeitszimmer

Als unser Sohn vor etwa sechs Jahren ausgezogen ist, um im Ausland zu studieren, haben wir sehr rasch danach sein Zimmer annektiert und nur so viel belassen, dass er sich nach wie vor zu Hause fühlt, wenn er in Wien ist. Ich bin mir damals richtig gut und fortschrittlich im Loslassen vorgekommen. Die Möbel allerdings waren großteils noch immer die

* Schlendrian: österreichisch für Trägheit

gleichen und so richtig ist das Zimmer nie zu meinem geworden, obwohl ich ein Arbeitszimmer gut gebrauchen hätte können. Es herrschte also ein Interregnum in diesem Zimmer. Das wollte ich jetzt endgültig ändern. Schon vor einigen Wochen war diese Idee gereift, ich wusste aber einfach nicht, wie ich es anders gestalten wollte.

Unsere Erlebnisse beim ersten Einrichten des Kinderzimmers waren ein wesentlicher Meilenstein, der uns die Kraft von Energetik erfahren lassen sollte. Knapp nachdem wir eingezogen sind und unser Sohn gerade einmal etwa zwei Jahre alt war, haben wir statt seines Gitterbettes einfach nur eine Matratze auf den Boden gelegt, bevor wir ans Einrichten gegangen sind. Das Zimmer ist nicht groß und hat aufgrund der Platzierung von Türe und Steckdosen eine fast vorgegebene Struktur dafür, wo das Bett hinkommen soll und wo der Kleiderschrank. Dann wiederholte sich folgendes: Kurz nachdem ich meinen Sohn in sein Bett gelegt habe und er tief eingeschlafen ist, hat er sich von seiner Matratze heruntergerollt und ist danach mitten im Zimmer gelegen. Das hat sich jeden Abend wiederholt, selbst wenn ich ihn zurück auf die Matratze gelegt habe. Schließlich habe ich das Zimmer mit Decken ausgelegt und ihn dort zugedeckt, wo er gerade lag. An dieser Stelle hat er sich offensichtlich wohl gefühlt. Meine Kollegin und Arbeitsmedizinerin meinte zu dieser Geschichte: „Dann wird es Zeit, dass du einen Wünschelrutengänger holst.“ Wünschelrutengänger? Ich? Damals hielt ich überhaupt nichts davon. Aber bitte, man kann es ja probieren. Dieser Herr kam, hatte ein paar Geräte mit und meinte nach kurzer Zeit: „Schläft ihr Sohn auf der Matratze?“ Meine Antwort darauf war: „Wieso fragen Sie das, wo meinen denn Sie, dass er schläft?“ Er deutete in die Mitte des Zimmers, genau auf die Stelle, wo unser Sohn Nacht für Nacht hin gerollt ist. Er erklärte mir dann, welche Verwerfungen, Wasseradern, Gitterlinien sich genau im Kopfbereich der Matratze kreuzten und dass diese auf lange Sicht krank machen würden. Schließlich zeigte er mir einen Platz in diesem Zimmer, der geeignet für ein Bett war, und dort steht es heute noch. Von diesem Zeitpunkt an hat unser Sohn jede Nacht in seinem Bett geschlafen.

Auf die Frage: „Warum weiß unser Sohn mit 2 Jahren, wo es gut für ihn ist und ich nicht?“ erhielt ich folgende einleuchtende Antwort: „Wieviel Zeit verbringen sie in diesem Raum, ohne etwas zu tun, nur zu spüren, wo man gut sitzt, in welche Richtung man am liebsten schaut, wo man ruhig wird, wo aktiver? Wenn Sie sich Zeit dafür nehmen, können Sie ihr Gefühl dafür wieder aktivieren. Was Sie derzeit machen, ist, dass Sie einen Plan zeichnen und die verschiedenen Möbelstücke so einpassen, dass es auf dem Reißbrett stimmt. Sie lassen die Natur außer Acht!“

Diesmal wollte ich mir genau diese Zeit nehmen, spüren, wo ich gerne sitzen werde und wo ich meinen kreativen Gedanken nachgehen kann. Ich spürte auch, wo es für meine Coaching-Klienten angenehm ist. Der ehemalige Schreibtisch, den wir über die diversen energetischen Kreuzungspunkte gestellt hatten, wurde praktisch nie als solcher benützt. Auch ich kann mir nicht vorstellen, mich dort hinzusetzen und länger zu verweilen. Schließlich kam mir die passende Idee, diesen Platz mit halbhohen Ladenkästen zu verbauen und darauf einen Standcomputer zu geben, den ich nur wenig benütze und wenn, dann wie bei einem Stehpult. Jetzt passt es. Ich kann spüren, dass ich nun hier eingezogen bin.

Wie wichtig ist es, am Ball zu bleiben?

Wir sitzen mit Freunden an einem schönen Sommerabend in einem Restaurant, essen Blattsalat mit Eierschwammerln* und diskutieren über die Veränderungen, die sich ergeben, wenn man tatsächlich in Pension ist. Unser Freund ist noch lange nicht dort, sondern steht mitten im Arbeitsleben. Er meint: „Ich stelle mir vor, das Schwierigste an der Pension ist es, am Ball zu bleiben". Etwas überrascht habe ich mir überlegt, was er wohl genau darunter versteht. Am Ball der politischen oder wirtschaftlichen Entwicklung? Der Dinge, die die nächste Generation bewegen? Einfach nur zu wissen, was läuft?

Für ihn bedeutet es, nicht mehr aktiv in das Geschehen eingreifen zu können. Man schlüpft in den Status eines Zaungastes und kann nicht mehr im Rahmen eines Jobs Weichen stellen und Rahmenbedingungen setzen oder strategische Richtungen definieren. Das kann ich sehr gut nachvollziehen. Man wird plötzlich als Drahtzieher aus einem System hinauskatapultiert und andere übernehmen diese Position.

Ich glaube allerdings, dass wir in unserer neuen Lebensphase ganz neue Aufgaben haben und Einfluss nehmen können, selbst, wenn dieser Einfluss nicht mehr so unmittelbar wie in unseren Jobs ist. Es geht nicht mehr ums Kämpfen an vorderster Front, es geht vielmehr um das Entwickeln einer neuen inneren Haltung und die kann persönlich und selbst gesellschaftlich sehr wohl eine Wirkung haben.

---

* Eierschwammerl: österreichisch für Pfifferlinge

Wenn wir die energetischen Ebenen betrachten, dann wirken alle Menschen nicht nur durch ihr *Tun*, sondern insbesondere durch ihr *Sein*. Das Sein, also die Bewusstheit, mit der wir leben und Energie und Frequenzen aussenden, hat einen wesentlichen Einfluss auf uns und alle um uns herum. Wie weit dieser Einfluss reicht, hängt von der eigenen Klarheit und Kraft ab, kann aber in jedem Fall in unserem Umfeld etwas bewirken, ohne dass wir aktiv etwas machen, handeln oder agieren.

Unter diesem Aspekt können wir zum Beispiel am Ball bleiben, wenn wir uns gesellschaftlich engagieren oder bewusst den Draht zur Jugend suchen und verstehen lernen, was sie bewegt und welche Unsicherheiten sie erleben. Hier könnten wir mit unserem Sein wirken, indem wir weniger Ratschläge geben, als vielmehr ein respektvoller, aufmerksamer und liebevoller Zuhörer sind. Ich bin davon überzeugt, dass wir sie durch das Ausstrahlen von Ruhe und Zuversicht und dem Geschehen-Lassen darin unterstützen, ihre Themen auf bestmögliche Art und Weise selbst zu lösen, und gleichzeitig sind wir mitten im Geschehen. Nicht eingreifen, sondern wirken ist die Devise des Alters.

Am Ball bleiben kann auch in völlig anderem Zusammenhang gesehen werden, wie etwa dem einfach informiert zu sein und zu wissen, was läuft. Ich kenne eine ganze Reihe von Pensionisten, die sich intensiv in Zeitungen und Nachrichten vertiefen und so besser informiert sind als je zuvor. Viele vergleichen die unterschiedlichen Berichterstattungen und haben ein sehr gutes Bild der gegenwärtigen politischen und gesellschaftlichen Entwicklungen. Selbst meine 96-jährige Schwiegermutter hat mehrere Tageszeitungen abonniert und meint, man muss doch wissen, was sich tut.

Das Bedürfnis nach Information ist offensichtlich ungebrochen. Ich frage mich nur, was machen sie dann damit? Wie nützt ihnen diese Tätigkeit, um glücklicher, gesünder und fröhlicher zu leben? Denn das ist es letztlich, worum es in den kommenden Jahren geht.

Ganz im Gegenteil stelle ich oft fest, dass genau dieses Eingraben in politische und wirtschaftliche Informationen, ohne noch aktiv ins Geschehen eingebunden zu sein, zu viel Ärger und Frust führt. Scheinbar endlose Diskussionen am Stammtisch oder bei sonstigen Treffen, wo der Ärger über die miesen Zeiten und Unfähigkeiten geteilt wird, geben uns das Gefühl, noch mitten drinnen zu sein. Sind wir aber nicht! Daher glaube ich, dass wir das Thema am Ball zu bleiben ganz neu definieren müssen. Information, ja, aber mit neuer Gelassenheit und Abstand interpretiert. Das hilft dann vermutlich allen mehr.

Endlich authentisch sein können

Immer wieder erlebe ich es, dass Menschen in der Pension plötzlich entdecken, dass sie authentisch sein wollen. In dieser neuen Freiheit leben sie nach dem Motto, ich habe lange genug mit meiner Meinung zurückgehalten, jetzt mache ich das nicht mehr! Jetzt kann ich alles sagen! Dann kommt ein Schwall von Angriffen, Verurteilungen oder Vorwürfen ungefiltert herüber. In dieser Sehnsucht, endlich alle Zwänge und Beschränkungen abwerfen zu können, kommt manchmal auch eine gewisse Rücksichtslosigkeit durch, die mit dem Deckmantel „Authentizität" kaschiert wird. Dabei sind es nicht nur die Worte, die verletzen, sondern die ganze aufgestaute negative Energie, die mitschwingt.

Aus seinem Herzen keine Mördergrube zu machen, ist sicherlich gesund und authentisch *Nein* zu sagen, ein wichtiger Prozess, für den es nie zu spät ist. Allerdings ist es noch viel besser, wenn wir damit andere nicht verletzen oder vor den Kopf stoßen. Nein sagen und authentisch sein muss auch gelernt werden.

Authentisch zu sein bedeutet viel mehr als nur auszusprechen, was gerade hochkommt. Es bedeutet, dass ich mir meiner Werte, meiner Emotionen, Überzeugungen und Bedürfnisse bewusst bin und danach handle und mich nicht durch äußere Einflüsse, wie Gruppenzwang bestimmen lasse. Die Sozialpsychologen Michael Kernis und Brian Goldman unterscheiden vier Kriterien, die erfüllt sein müssen, damit man *sich selbst als authentisch* erlebt:[14]

- *Bewusstsein* – Ein authentischer Mensch kennt seine Stärken und Schwächen ebenso wie seine Gefühle und Motive für bestimmte Verhaltensweisen. Das setzt Selbsterkenntnis durch Selbstreflexion voraus
- *Ehrlichkeit* – Er blickt seiner realen Umwelt ins Auge und akzeptiert Feedback, auch wenn dieses unangenehm sein sollte.
- *Konsequenz* – Er handelt nach seinen Werten und Überzeugungen, selbst wenn ihm dadurch Nachteile entstehen sollten.
- *Aufrichtigkeit* – Er ist bereit und in der Lage, seine Schattenseiten nicht zu verleugnen.

Das sind alles Themen, die im Coaching zur Halbzeit, wie ich weiter vorne beschrieben habe, Platz finden sollten, damit sich eben nicht so viel Energie und Ungesagtes aufstaut.

Wie wichtig das ist, beschreibt auch die australische Krankenschwester Bronnie Ware in ihrem Buch *5 Dinge, die Sterbende am meisten bereuen*[15]. Sie betreute jahrelang todkranke Menschen auf der Palliativstation eines Krankenhauses und schreibt, „Wenn man die Patienten fragte, ob sie irgendetwas bereuten oder lieber anders gemacht hätten, dann nannten sie immer und immer wieder dieselben Dinge."

1. „Ich hätte gerne den Mut gehabt, mein eigenes Leben zu leben – und mich nicht von den Erwartungen anderer leiten lassen."

Bronnie Ware: „Diese Aussage hörte ich am häufigsten. Wer realisiert, dass sein Leben bald vorbei ist und nüchtern zurückblickt, der merkt erst, wie viele Träume unerfüllt geblieben sind. Die meisten Menschen hatten sich nicht mal die Hälfte all ihrer Träume erfüllt, und jetzt mussten sie sterben, im Bewusstsein, dass es an Entscheidungen lag, die sie getroffen oder gescheut hatten. Wer gesund ist, genießt gleichzeitig eine enorme Freiheit. Leider merken die meisten Menschen das erst, wenn die Gesundheit weg ist."

2. „Ich hätte nicht so hart arbeiten dürfen."

Bronnie Ware: „Das sagte jeder meiner männlichen Patienten. Durch ihre Arbeit hatten sie die Jugend ihrer Kinder verpasst und die Gesellschaft ihres Partners, und nun bereuten sie, der Tretmühle des Berufslebens so viel Lebenszeit gewidmet zu haben."

3. „Ich hätte den Mut haben sollen, meine Gefühle auszudrücken."

Bronnie Ware: „Viele Patienten unterdrückten ihre Gefühle, um es sich mit ihren Mitmenschen nicht zu verscherzen.

Deshalb entschieden sie sich dazu, ein mittelmäßiges Leben zu führen und wurden nie zu dem, was sie hätten sein können. Viele wurden dadurch so verbittert, dass sie krank wurden."

4. „Ich hätte mit meinen Freunden in Kontakt bleiben sollen."

Bronnie Ware: „Erst auf dem Sterbebett erinnerten sie sich an den Wert alter Freundschaften und dann waren diese Freunde häufig nicht mehr zu erreichen. Viele waren so beschäftigt mit ihrem eigenen Leben, dass sie alte Freunde im Laufe der Jahre aus den Augen verloren hatten und das tat ihnen jetzt unendlich leid. Wer im Sterben liegt, vermisst seine Freunde."

5. „Ich hätte mir mehr Glück und Zufriedenheit gönnen sollen."

Bronnie Ware: „Dass Glück und Zufriedenheit eine Entscheidung sind, bemerkten sie erst in ihren letzten Wochen. Viele hatten ihre festen Angewohnheiten und Eigenschaften. Die vermeintlich gewohnte und bequeme Umgebung hatte sich auf ihren Körper und ihre Seele ausgewirkt. Dabei hatten sie schlicht und einfach Angst vor Veränderung. Deshalb gaukelten sie sich und anderen vor, glücklich und zufrieden zu sein, obwohl sie in Wahrheit gerne mal wieder gelacht hätten und gerne albern gewesen wären."

Wenn man sich also jetzt anschaut, was Menschen bereuen, so hat das viel mit nicht verwirklichter, nicht gelebter Authentizität zu tun. Das eigene Leben zu leben, Entscheidungen zu treffen, frei von Manipulation durch andere Menschen, Medien und Werbung, Gefühle und Bedürfnisse auszudrücken, sie auszuleben und dadurch zufriedener und glücklicher zu leben, das ist Authentizität. Vielleicht ist es ein erster guter Ansatz, diese 5 Punkte herzunehmen und zu überlegen, was ich heute tun kann, um diese bestmöglich zu erfüllen.

Neue Glücksmomente erscheinen in meinem Leben

Ich fange gleich einmal beim 5. Punkt an, wo es um Glücklich-Sein geht. Wenn ich unter „Glücklich-Sein" im Internet surfe, bekomme ich ungefähr 77 Millionen Ergebnisse. Schon die ersten auf der Liste geben mir jede Menge Ratschläge, wie ich mit ein paar definierten Schritten und Tipps zum Glücklich-Sein komme. Der Wunsch nach mehr Glücklich-Sein ist offensichtlich ein Top-Thema.

Für mich hat sich in den letzten Wochen das Glücklich-Sein einfach eingeschlichen. Ohne bewusst daran zu arbeiten und es zu suchen. Mehr und mehr tauchen Momente auf, in denen mich Kleinigkeiten mit Glück erfüllen.

Gerade eben war so ein Moment. Ich komme vom täglichen Joggen entlang der Donau nach Hause und gehe die letzten Schritte zu unserer Wohnung. Der Himmel ist strahlend blau, tiefblau, es ist halb 11 Uhr morgens. Zu Hause wartet mein Mann auf mich und wir werden auf der Terrasse gemeinsam einen Kaffee trinken, bevor jeder seiner gewählten Arbeit nachgeht. Ich empfinde echte Dankbarkeit für das Leben, das ich gerade führen darf! Dabei war es doch nur eine ganz normale Alltagssituation.

Für mich sind es die Achtsamkeit und die neue Gelassenheit, mit der ich ganz normale Dinge nun anders wahrnehme. Klar kenne ich das Gefühl von Glück und habe es auch bisher wahrgenommen, wie zum Beispiel ein schöner Urlaub, ein Erfolg, Geburtstage, eine Familienfeier oder vieles mehr. Heute scheint noch eine neue Ebene dazuzukommen: kleine Glücksmomente aus dem ganz normalen Alltag.

Die gute, alte To-Do-Liste ist zurück

„Es gibt so viele Möglichkeiten, dass man sich verlieren könnte!“ So hat es unser Freund ausgedrückt, der ebenfalls das erste Jahr Pensionist ist. Er hat sich vor kurzem ein altes Haus gekauft, das er jetzt mit sehr viel Hingabe und Freude renoviert. Ich bewundere ihn, denn für mich scheint das eine schier endlose Aufgabe zu sein. Die Bausubstanz ist zwar gut, aber es war so lange nicht bewohnt, dass man dieses Haus praktisch von Grund auf erneuern muss. Ich stelle aber auch fest, dass genau diese Arbeit ihn auf besondere Weise glücklich macht.

Ich habe kein Haus zum Renovieren, aber auch in meinem Alltag gibt es jede Menge Möglichkeiten und wenig Prioritäten. Das ist ungewohnt. Damit meine neue Arbeit zu einem für mich sinnvollen und erfüllenden Ergebnis kommt, greife ich auf altbewährte Organisationsmethoden zurück, wie zum Beispiel eine Mind-Map, eine Darstellung all meiner Wünsche und Ideen und dann daraus abgeleitet eine To-Do-Liste. Tatsächlich, da ist sie wieder! Ich habe etwas zum Abarbeiten! Das fühlt sich doch gleich besser an.

SEPTEMBER

Der Sommer ist vorbei, und jetzt?

Jedes Jahr stelle ich fest, mit welcher Präzision sich das Licht in den ersten Septembertagen ändert. Die Farben sind plötzlich wärmer und intensiver. Nach dem Sommer kommt alles wieder in die geordneten, alltäglichen Bahnen. Gestern, Samstag, waren wir in einem Einkaufszentrum und mussten uns in eine lange Schlange von Autos einreihen, die alle in die Parkgarage einfahren wollten. Alle sind wieder zurück aus den Urlauben und Sommerdomizilen. Die Straßen sind voll, die Parkplätze auch. Alle sind wieder da. Der Alltag hat wieder begonnen. Nur für mich nicht.

Momentan fällt es mir schwer zu glauben, dass mein Alltag so wenig Aktivitäten und Arbeiten für mich bereithält. Inzwischen schreibe ich zwar regelmäßig Artikel für eine deutsche Online Plattform und habe auch in meiner energetischen Praxis einiges zu tun. Aber es ist nicht so tagfüllend und fordernd, so wie ich es aus meinen bisherigen Jobs kannte. Ich stelle sogar fest, dass ich für manche Tätigkeiten viel länger bauche, einfach, weil ich die Zeit dafür habe.

Überkommt mich da gerade eine depressive Stimmung? Es scheint so. Dabei habe ich doch wirklich allen Grund rundum zufrieden zu sein. Wo kommt denn dieses Gefühl jetzt her? Ich werde wohl in meine eigene energetische Werkzeugkiste greifen müssen und mich damit auseinandersetzen.

Jede Veränderung beginnt mit der vollen Akzeptanz dessen, was ist. Damit geht einher, dass man auch die volle Verantwortung dafür übernimmt. Keine Umstände, keine anderen Personen, nichts und niemand außer mir, sind dafür zuständig. Ich widme mich liebevoll dem Teil, der in mir unrund läuft und hektisch auf die nächste Aufgabe wartet. Ich bin zutiefst froh, dass ich so viele energetische Methoden gelernt habe. Sie helfen mir genau jetzt, mehr und mehr in meine Ruhe zu kommen und ins Vertrauen, dass ich einen neuen Weg gehen werde, auf dem ich meine Qualitäten in vollem Umfang einbringen kann und der mich rundum erfüllt.

Überraschende Visionen gehen auf

Vor 15 Jahren oder noch früher habe ich mein erstes Vision Board gemacht. Das ist ein großes Blatt Papier, auf das man Bilder von all den schönen und positiven Dingen und Situationen klebt oder zeichnet, die man früher oder später in sein Leben ziehen möchte. Danach hängt man das Vision Board an gut sichtbarer Stelle auf, damit man es möglichst oft bewusst und unbewusst sieht. Wer seine Träume und Wünsche ständig vor Augen hat, wird stetig daran erinnert und ganz unbewusst zieht man genau solche Situationen mehr und mehr in das Leben.

Tatsächlich ist in den letzten Jahren vieles von dem eingetreten, was ich damals draufgeklebt hatte. Ich erinnere mich zum Beispiel noch genau, als ich den Klebstoff auf das Foto von einem Stapel Bücher geklebt habe und mir der Gedanke durch den Kopf ging: „Worüber werde ich jemals schreiben können? Auf welchem Gebiet habe ich so ein einzigartiges Wissen, dass ich es zu Papier bringen werde und andere

Leute das lesen werden?" Letztes Jahr war es dann soweit – mein erstes Buch wurde gedruckt. Davor war es so, als wollte dieses Buch geschrieben werden. Ich war wie in dem berühmten Flow, dem man sich nicht entziehen kann.

Damals also, als ich das Vision Board kreierte, war links unten ein schwarz-polierter Stutzflügel mit der Idee, irgendwann, vielleicht in der Pension, werde ich zum Beispiel Chopin spielen. Vom regelmäßigen Klavierspielen auf unserem uralten Piano und Üben war aber weit und breit keine Rede. Jedes Jahr vor Weihnachten habe ich mehrere Jahre immer die gleichen Stücke geübt und schließlich, bei den nachfolgenden Vision Boards, das Klavier mangels Engagements weggelassen. Doch tief drinnen wusste ich, dass immer eine Sehnsucht da war, besonders, wenn ich irgendwo jemanden gehört oder gesehen habe, dessen Finger mühelos über die Tasten zu tanzen schienen.

Jetzt hat mich der Wunsch Klavier zu spielen, mit so einer Wucht eingeholt, dass wir innerhalb von drei Wochen beschlossen haben, das alte unbenutzte Piano gegen ein neues, schwarz-poliertes E-Piano auszutauschen, auf dem ich ganz für mich alleine auch mit Kopfhörern spielen kann, wann immer ich will.

Heute wurde es geliefert; unser neues Klavier! Erstaunlich, wie gut sowohl mein Mann als auch ich noch spielen, obwohl wir das jahrelang nicht mehr gemacht haben. Offensichtlich verlernt man manche Dinge nicht zur Gänze, auch wenn wir natürlich etwas aus der Übung sind. Immer wieder gehen wir vorbei, setzen uns kurz hin und spielen. Dieses Klavier ist eine Bereicherung für unser Leben.

Nun regt sich auch der Wunsch nach etwas Neuem. Ich will nicht nur meine alten Klavierstücke spielen, daher surfe ich auf YouTube und schaue mir Piano- und Jazz-Tutorials an, die mir jede Menge neuer Ideen liefern.

Was mir diese Geschichte deutlich beweist: Auch wenn man sich manchmal von schönen Visionen vermeintlich verabschiedet hat, können sie zum richtigen Zeitpunkt vehement ins Leben zurückkommen, sofern sie einmal mit Freude kreiert wurden. Ich bin neugierig, welche Visionen sich noch in mein Leben reklamieren!

Meine Verantwortung für die nächsten 40 Jahre!

In letzter Zeit habe ich viele Diskussionen mit meinen Freunden und Bekannten geführt, die alle etwa im selben Alter sind wie ich. Es ging dabei hauptsächlich um unsere Erwartungen an das, was das Alter bringt. Das ist die zentrale Frage, die mit diesem Lebensabschnitt zwangsläufig einhergeht und auf die eine oder andere Weise hat jeder dazu eine persönliche Einstellung.

Schon allein die Frage, wie alt möchte ich werden, könnte nicht unterschiedlicher gesehen werden. Ich richte mich einmal auf etwa weitere 40 Lebensjahre ein, dann bin ich knapp über 100 Jahre alt! Die Chance, 100 Jahre alt zu werden ist in den letzten Jahrzehnten enorm gestiegen und dieses Alter scheint mir durchaus realistisch zu sein. Aber genau diese Einstellung wird von manchen sehr brüsk mit dem Hinweis abgelehnt, dass wir keinen Einfluss darauf hätten. Andere wollen sich dazu gar keine Gedanken machen und einfach nur im Jetzt leben, für wieder andere ist es schlicht Schicksal, wie alt man wird, und schließlich wollen manche definitiv gar nicht so alt werden.

Wir könnten uns natürlich jetzt Statistiken zu diesem Thema ansehen, aber das ist nicht der Punkt. Ich glaube vielmehr, dass wir alleine mit der Haltung zu dieser Frage ausdrücken, wie wir diesen Lebensabschnitt gestalten wollen. Sehen wir die Möglichkeiten, positiven Einfluss nehmen zu können? Sehen wir uns in einer Art Opferrolle? Oder lassen wir uns schlicht freudig treiben und schauen was kommt? Wie alt wir dann tatsächlich werden, kann sowieso niemand vorhersehen.

Noch entscheidender scheint mir die Frage zu sein, wie ich diese Zeit erleben will. Aus meinen Gesprächen haben sich zwei Themenkreise herauskristallisiert, die allem zugrunde liegen: *Wie verbringe ich meine Zeit* und *wie steht es mit meiner Gesundheit*? Daher möchte ich jetzt ein paar Informationen dazu zitieren, die ich im Rahmen meiner Recherchen gefunden habe.

91% der Pensionisten lehnen jede Verpflichtung im Alter ab! Diese Aussage stammt aus einer Studie in Deutschland mit dem Titel *Alter neu erfinden*, aus dem Jahr 2012 und hat mich einigermaßen verwundert. Ich nehme an, es geht um Verpflichtungen wie etwa im Beruf, denn für unser persönliches Leben haben wir uneingeschränkte, hundertprozentige Verpflichtung. Jetzt mehr denn je!

Es heißt, *Senioren erhoffen sich für ihren Ruhestand endlich die Befreiung von Verpflichtungen und Einschränkungen. Über die Hälfte möchte mehr reisen, entspannen und sich den Hobbys widmen, nur 25% der über 65-jährigen hat für die kommenden Jahre Pläne für zum Beispiel eine ehrenamtliche Tätigkeit.* [16] Dies ändert sich rapide. Eine Umfrage 2016 in Österreich zeigt, dass die Bereitschaft für ehrenamtliche Tätigkeit bereits 50% betrug.[17] 2019 engagieren sich in Deutschland 77% der Senioren über 65 sozial oder gesellschaftlich und 6% sind noch berufstätig. [18]

77% der Befragten haben Angst vor Krankheiten und Einschränkungen im Alter. Das scheint für mich eine alarmierend hohe Zahl zu sein, wenn man bedenkt, dass allein die Angst vor einem möglichen Ereignis dazu führen kann, dass es tatsächlich eintritt. Es wird durch unsere Gedanken, Emotionen und Intentionen wie von einem Magnet angezogen. Ich kenne einige Personen, die nicht nur Angst vor möglichen Krankheiten haben, sondern sich diese mit Beginn ihrer Pension als Hauptbeschäftigung zulegen. Von einer Dame habe ich einmal gehört, „Was soll ich denn sonst mit meiner Zeit machen?" Mit dem Recherchieren im Internet, dem Austausch in diversen Foren und den vielen Arztbesuchen hat sie sich eine echte Beschäftigung geschaffen. Auch das ist eine Möglichkeit, mit der neuen Zeit umzugehen.

Andererseits haben wir mit positiven Einstellungen genau in diesem Bereich eine wunderbare Möglichkeit, die Weichen zu stellen. Ob ich ein vitales und glückliches Leben führen oder mich von alten und überkommenen Bildern und Programmen bestimmen lassen möchte, ist eine persönliche Entscheidung.

Die Weichen für meinen neuen Lebensabschnitt positiv zu stellen, sehe ich derzeit als meine wichtigste Verantwortung. Es ist eine Verpflichtung mir und meiner Familie gegenüber, die mindestens so wichtig ist wie bisher ein erfolgreiches Familien- und Berufsleben. Das beste Geschenk, das wir unseren Kindern machen können, ist, dass es uns bis ins hohe Alter gut geht und wir glücklich sind. Und die Vorbereitungen dazu beginnen spätestens jetzt!

Ich sehe für mich folgende Verantwortung, bis zu dem Tag, an dem sich meine Seele entscheidet, sich aus meinem Körper zurückzuziehen.

1. So vital, gesund und fit zu sein, dass ich mich mühelos bewegen kann und mich rundum wohl fühle
2. Meinen Alltag mit Begeisterung und Freude zu leben
3. Sinn zu finden bei allem, was ich tue und erlebe, und Sinnvolles zu erschaffen
4. Mit meinem Mann eine erfüllte Partnerschaft zu leben
5. Meinem Sohn immer das Gefühl geben zu können, dass es mir gut geht
6. Gut mit meinen materiellen Ressourcen umzugehen

Das ist mein neues Job-Profil, *meine neue Stellenbeschreibung,* wenn man es so nennen will. Es ist wie mein persönliches Rundumpaket, das über oberflächliche Tätigkeiten und Beschäftigungen hinausgeht. Natürlich werde ich diese Stellenbeschreibung in Zukunft auch den Gegebenheiten anpassen und sie kann selbstverständlich für jede Person unterschiedlich aussehen. Wenn man zum Beispiel Enkelkinder hat, kommen mit Sicherheit andere Aufgaben dazu.

Für mich geht es erstmal darum, wie werde ich diesen, meinen neuen Job ausfüllen? Was ist zu tun? Ich möchte daher diesen sechs Themen tiefer auf den Grund gehen.

1. So vital, gesund und fit sein, dass ich mich mühelos bewegen kann und mich rundum wohl fühle

Der Körper ist ein sensibles Barometer dafür, wie es einem emotional und mental geht, beziehungsweise, wo etwas nicht in Balance ist. In *Biology of Belief* oder *Der Geist ist stärker als die Gene*[19] beschreibt Bruce Lipton welchen Einfluss das Denken und Fühlen, sowie die Wahrnehmung der uns umgebenden Umwelt auf unsere Zellen hat. Sie bestimmen unser Leben und haben einen wesentlich größeren Einfluss darauf als unsere Gene. Nicht die Gene sind also – gesundheitlich gesehen – unser Schicksal, sondern 95% der Krankheiten haben einen psychosomatischen, meist stressbedingten Ursprung. Mit Stress sind nicht Zeitknappheit oder Druck von außen gemeint, sondern emotionaler Stress. Die Symptome, die der Körper zeigt, sind eine Botschaft, dass etwas seit langem, oder gerade jetzt, nicht in Ordnung ist; nämlich ein bisher nicht wahrgenommenes Thema, das sich damit zeigen möchte.

Das bedeutet, dass ich die Verantwortung habe, meinem Körper und seinen Symptomen zuzuhören, statt sie einfach nur weghaben zu wollen, weil sie stören. In meinen Augen ist das das Wichtigste, wenn es um Gesundheit und Prävention geht. Ich bin auch der tiefen Überzeugung, dass gerade im Alter auftretende körperliche Beschwerden aufzeigen: *Hier ist ein Thema, das musst du dir genau anschauen und bearbeiten.* Denn genau dafür haben wir jetzt ausreichend Zeit.

Selbst wenn es einem gut geht und man keine Beschwerden hat, ist trotzdem etwas zu tun, um die Gesundheit aufrecht zu erhalten. Dann kann man sich den positiven Emotionen, Gedanken und der Balance des Energiefeldes widmen, um präventiv den Körper zu unterstützen, damit er seine volle Leistung erbringt. Ganz bewusst nehme ich mir daher immer wieder Zeit, um zu spüren, ob und wo ich Energie verliere und wenn ja, mache ich etwas dagegen. Energetische Balance ist in meinen Augen die Voraussetzung für Gesundheit.

Zusätzlich gibt es einige rein materielle, körperliche Aspekte, wie zum Beispiel Bewegung, Kraft und gute Ernährung. Um gesund zu altern, ist Muskelkraft entscheidend; seit einiger Zeit mache ich einige Übungen dafür. Das macht mir nicht wirklich Spaß, gehört aber wohl zu den notwendigen Tätigkeiten, um meinem Wunsch nach mühelosem Bewegen bis ins hohe Alter nachzukommen. Bewegung und Ausdauersport machen mir schon viel mehr Spaß. Schi fahren wäre mir am liebsten, ist aber leider nur wenige Wochen im Jahr möglich. Laufen und Fahrrad fahren mache ich das ganze Jahr über gerne. Gut essen und kreativ kochen gehört sowieso zu unseren Lieblingsbeschäftigungen und hat einen wichtigen Stellenwert in unserem Tagesablauf.

2. Meinen Alltag mit Begeisterung und Freude erleben

Solange ich mich erinnern kann, war Begeisterung für mich etwas ganz Natürliches, das ich oft empfinde. Ich kann mich an großen und kleinen Dingen richtig erfreuen und glaube inzwischen, dass es eine meiner großen Stärken ist. Manches Mal habe ich allerdings den Eindruck, dass diese Begeisterung von anderen Menschen als kindlich abgewertet wird. Besonders im Job hatte sie keinen Platz, weil Professionalität häufig mit unterkühlten Emotionen gleichgesetzt wird.

Umso mehr freut es mich, dass ich inzwischen auch eine wissenschaftliche Bestätigung gefunden habe, die offene und kindliche Begeisterungsfähigkeit als wesentliche Eigenschaft für Gesundheit, Lernen und ein erfülltes Alter untermauert.

Vorreiter auf diesem Gebiet ist Gerald Hüther, Gehirnforscher und ehemaliger Professor an der Universität Göttingen. In seinen vielen Vorträgen und Artikeln sagt er: „Begeisterung ist wie Dünger für das Gehirn." Das Gehirn ist lebenslang lernfähig. Es ändert sich durch Umbauprozesse permanent bis ins hohe Alter. Allerdings ist das Gehirn weder eine Maschine, noch kann man es wie einen Muskel trainieren, sondern es braucht eine emotionale Stimulierung. Dadurch werden die Nervenzellgruppen im Mittelhirn aktiv, schütten an den Enden ihrer Fortsätze ganz besondere neuroplastische Botenstoffe aus und die wirken wie ein Katalysator oder bildlich gesprochen wie Dünger, der die Umbauprozesse anstößt und unterstützt. Die frohe Botschaft heißt also: Der Mensch kann bis ins hohe Alter neue Netzwerke im Gehirn aufbauen. Wenn diese Voraussetzung – also Begeisterung – nicht zustande kommt, passiert auch nichts im Gehirn!

In seinem Buch *Raus aus der Demenz-Falle! Wie es gelingen kann, die Selbstheilungskräfte des Gehirns rechtzeitig zu aktivieren*[20] geht Hüther noch einen Schritt weiter und zeigt einen neuen Ansatz, wie man dieser Krankheit begegnen kann, die in unserer Gesellschaft wie ein Schreckgespenst über dem Thema Alter hängt. Obwohl ich in unserer Familie nie damit konfrontiert war und mir daher dieses Thema nicht so nahe ist, erlebe ich trotzdem, wie einige unserer Freunde es tagtäglich an ihren Eltern erleben und dadurch enorm belastet sind.

Laut Gerald Hüther seien nicht die Ablagerungen im Gehirn die Ursache für die Erkrankung, sondern der Verlust der neurologischen Selbstheilungskräfte im Laufe des Älterwerdens. Die Fähigkeit des Gehirns, sich neu zu organisieren und zu verändern und sogar neue Nervenzellen zu bilden, sei angeboren und bis ins hohe Alter gegeben. *Allerdings funktioniert der Aufbauprozess im Hirn nur dann, wenn es einem richtig gut geht. Wer das volle Potenzial seines Gehirns nutzen will, der muss seine Begeisterungsfähigkeit zurückgewinnen. Begeisterung ist Doping für das Gehirn!*[21] Menschen, die lustlos in eingefahrenen Verhaltensmustern leben oder sich mit einer Vielzahl von unlösbaren Konflikten konfrontiert sehen, schaffen keine Regeneration und keinen Wiederaufbau.

Begeisterung ist also nicht nur ein netter Zustand, sondern die Voraussetzung für ein erfülltes Leben bis ins hohe Alter. Es geht darum, aktiv die Welt noch einmal mit kindlicher Entdeckerfreude zu betrachten. Kinder erleben diese Glücksgefühle sehr häufig am Tag und jedes Mal bekommt das Gehirn einen Wachstumsschub. Und wie oft überwältigt uns Ältere noch ein Sturm der Begeisterung? Einmal pro Tag? Einmal in der Woche? Oder ist er wegen zu geringer Bedeutung („Kenn' ich eh schon!") fast ganz verstummt?

Jetzt, wo ich diese Informationen habe, scheint sie mir wie eine Aufforderung, so viele begeisternde Situationen in mein Leben zu lassen wie nur möglich. Weniger Routine und dafür Dinge ausprobieren, die bisher noch nicht auf meiner Tagesordnung standen, ist nun die Devise! Das ist weder kindlich noch unwichtig: es ist ein essentieller Bestandteil meiner Verantwortung für mich und vielleicht kann ich damit ja auch noch viele Personen in meinem Umfeld anstecken.

3. Sinn finden, bei allem, was ich tue und erlebe, und Sinnvolles erschaffen

Peter Gross, Schweizer Soziologe und Autor mehrerer Bücher über das Alter schreibt: *Man läuft der Sinnfrage im Ruhestand schnurstracks in die Arme, denn die zentralen Sinnsäulen des vorherigen Erwerbs- und Familienlebens brechen weg.* [22] Gross meint außerdem, dass daraus ein Gefühl der Sinnlosigkeit entstehen kann, wenn wir uns weiter an den gesellschaftlichen Werten einer Leistungsgesellschaft messen. In weiterer Folge kann sich daraus ein Gefühl der Nutzlosigkeit ergeben. Ganz besonders, wenn man lange nur für einen Wert gelebt hat, etwa nur für die Arbeit oder nur für die Kindererziehung. Bricht dieser Wert dann weg, fällt man praktisch in ein tiefes Loch.

Über Sinnfindung im Alter gibt es unendlich viele Abhandlungen und Studien. Ich will hier daher nur einen Ansatz bringen, anhand dessen ich meine neue „Job Description" angehen werde.

Für Viktor Frankl, den Begründer der Logotherapie, ist der Mensch ein Wesen auf der Suche nach Sinn. Der Mensch will Sinn in seiner Existenz finden und diesen realisieren. Sinn muss gefunden werden, er kommt nicht von außen. Dafür nennt er drei Wertekategorien, die es dem Menschen ermöglichen, Sinn zu verwirklichen:

Schöpferische Werte

Erlebniswerte

Einstellungswerte

Schöpferische Werte, oder Schaffenswerte: es geht darum Sinn zu erleben, indem man etwas (Materielles) gestaltet und erschafft. Eine Idee, die in ein Produkt oder eine Dienstleistung umgesetzt wird. Das kann von Arbeit bis zur nachbarschaftlichen Hilfe reichen. Das Bewusstsein, einer Aufgabe zu dienen, hat krankheitsverhütende und lebensverlängernde Wirkung.

Erlebniswerte: Hier geht es darum jenseits aller Aktivitäten etwas zu erleben, das von außen auf uns wirkt, wie etwa Natur, Musik, Kunst oder die Beziehung zu anderen Menschen. Sie können zu einem Erlebnis voller Wert werden.

Einstellungswerte: Es gibt Situationen, die wir nicht ändern können. In solchen Fällen ist es wichtig unsere innere Einstellung, unsere Haltung zum Ereignis ganz bewusst zu wählen.

Für mich geht es in diesem dritten Punkt meiner Verantwortungs-Liste ganz besonders um den Schaffenswert, denn Erlebniswerte und Einstellungswerte kommen für mich noch oft und häufig an anderen Stellen vor. In diesem Sinn etwas zu erschaffen, schreibe ich jetzt einmal dieses Buch. Und dann suche ich mir das nächste Projekt.

4. Mit meinem Mann eine erfüllte Partnerschaft leben

Eine gute, erfüllende Beziehung ist nicht nur schön, sondern auch ein entscheidender Faktor, der bestimmt, ob wir mit 80 Jahren noch vital und glücklich sind. Das zeigt die weltweit älteste Studie der Harvard Medical School, die sich mit der Entwicklung des Erwachsenenlebens befasst. Seit 1938 werden Personen und ihre Familienangehörigen medizinisch und psychologisch begleitet. Die ältesten sind derzeit in ihren 90ern. Robert Waldinger, Professor an der Harvard Medical School und derzeitiger Leiter dieser Studie meint: *Es ist nicht der Cholesterinspiegel, der vorhersagt, ob wir mit 80 gesund sind, sondern wie glücklich unsere Beziehungen um die 50 (und danach) sind. Loneliness kills! It´s as powerful as smoking or alcoholism. " (Einsamkeit tötet. Sie ist ebenso wirksam wie Rauchen oder Alkoholismus!).* Zusammenfassend meint er: *„Good genes are nice, but joy is better!" (Gute Gene sind gut, aber Freude ist besser).* [23]

Die Forscher fanden auch heraus, dass Zufriedenheit in der Ehe einen schützenden Effekt auf die psychische Gesundheit der Menschen hat. Paare, die in ihren Achtzigern eine glückliche Ehe hatten, fühlten körperliche Schmerzen viel weniger als andere. Diese Beziehungen müssen nicht immer reibungslos verlaufen, aber es geht um das Gefühl, dass man immer aufeinander zählen kann.

Das klingt doch wunderbar: eine gute Beziehung führen und gleichzeitig gesund bleiben!

Aber auch ganz ohne wissenschaftlichen Grund ist es einfach nur schön und erfüllend, einen liebevollen Partner zu haben, mit dem es Spaß macht, das Leben gemeinsam zu leben. Das haben wir in den letzten Jahren intensiv erlebt und ich wünsche mir sehr, dass es so bleibt. Eine glückliche Partnerschaft ist aber niemals ein Selbstläufer, sondern braucht Zeit, Aufmerksamkeit und manchmal auch etwas Aufwand.

Von einem gleichaltrigen Freund haben wir folgendes Zitat gehört: „Wir gehören zur alten Generation, wir werfen nichts weg, sondern wir reparieren."

5. Meinem Sohn immer das Gefühl geben können, dass es mir gut geht

Im Rahmen eines Online Kongresses hörte ich unter dem Titel *Deep into the Heart: Healing your Relationship with your Mother (Tief im Herzen: Heile die Beziehung zu deiner Mutter)* [24] einen interessanten Beitrag von Christiane Northrup, einer renommierten amerikanischen Ärztin für Frauenheilkunde. Die intensiven Bindungen der Kinder zur Mutter beginnen in der Schwangerschaft. Die Emotionen und das Bewusstsein der Mutter prägen die Entwicklung und sind ein Leben lang von besonderer Bedeutung. Um die eigene Entwicklung bestmöglich zu unterstützen ist es daher wichtig, diese Verbindung zu verstehen und, wenn notwendig, Teile davon zu heilen. [25]

Nach Christiane Northrup gibt es wesentliche Unterschiede, ob es sich um eine Mutter-Tochter oder eine Mutter-Sohn Beziehung handelt. Da ich einen Sohn habe, werde ich mich auf letzteres fokussieren, rate aber allen Mädchenmüttern, sich mit dem Thema wirklich auseinanderzusetzen, da eine gute Beziehung zu den Kindern entscheidend für die Freude in unserem Alter ist. Und natürlich auch die Prägungen durch die eigene Mutter liebevoll unter die Lupe zu nehmen.

Christiane Northrup sprach in ihrem Beitrag: *Ein Sohn fühlt sich verantwortlich für seine Mutter, ganz besonders für ihr Glücklich-Sein. Selbst glücklich zu sein, ein erfülltes, selbständiges Leben zu haben, ist das größte Geschenk, das Mütter ihren Söhnen machen können. Die einzige Art, wie man das erreicht, ist das Glück in sich selbst zu finden. Viele Mütter wollen intensiv mit ihren Kindern zusammen sein, und das ist in Ordnung, so lange das eigene Glück nicht davon abhängig ist. Es ist die Aufgabe einer Mutter ihrem Sohn zu erlauben sein eigenes Glück zu finden und zu leben und das funktioniert am besten, wenn wir nicht bedürftig sind.*

Dieser Beitrag hat mich sehr in meinen Vorstellungen bestätigt. Auch ich hatte die Idee, dass es das größte Geschenk an unsere Kinder ist, selbst aus unserem tiefsten Gefühl heraus glücklich zu sein, selbständig und vital. Und diese Idee war der eigentliche Ausgangspunkt für die hier beschriebene 6-Punkte Liste.

Im Sinne von Christiane Northrup werde ich jetzt erstmal meinen Mann fragen, was er an seiner Mutter und ihrem Älterwerden besonders geschätzt hat und was für ihn wichtige Punkte in der Beziehung Mutter-Sohn waren. Immerhin ist sie bereits 96 und da können beide aus einem großen Erfahrungsschatz schöpfen. Anschließend will ich unseren Sohn fragen, was für ihn wichtig ist, und bin schon gespannt, was ich aus diesen Gesprächen erfahren werde.

6. Gut mit meinen materiellen Ressourcen umgehen

Bisher habe ich mich sehr auf Emotionen, Gesundheit und Spirituelles fokussiert. Bei all diesen persönlichen Themen darf natürlich nicht zu kurz kommen, dass auch die materiellen Ressourcen wie zum Beispiel Finanzen und Wohnung weiterhin eine wichtige Rolle spielen.

Wenn ich an meine Finanzen denke, so ist klar, dass ich mit meiner Pension anders haushalten muss, als mit meinem aktiven Gehalt. Ich denke, damit bin ich nicht alleine. Diese Tatsache ist wirklich eine Umstellung und erfordert einiges an Neuordnung. Für mich geht es jetzt darum, kritisch zu betrachten, wie ich bisher mit meinen Ressourcen umgegangen bin und was voraussichtlich mein neuer Lebensabschnitt bringen wird. Vielleicht muss ich einiges neu organisieren, vielleicht muss ich bei manchem umdenken oder vielleicht sogar etwas wirklich weglassen. Wie auch immer, Finanzen sind ein wichtiges Thema und speziell zu Beginn dieser neuen Lebensphase sollte man sich dem intensiv widmen.

Ein weiteres Thema ist mir bei meinen Gesprächen aufgefallen: Etliche unserer Freunde bauen bereits mit knapp 60 Jahren ihre Wohnung behindertengerecht um oder übersiedeln in eine neue Wohnung. Das war zu Beginn sehr befremdend für mich. Denn einerseits mag es aus rein praktischen Gründen gut sein, sich alles so bequem wie nur möglich einzurichten, andererseits glaube ich an die Kraft der inneren Bilder und wenn ich mit 60 vor Augen habe, dass ich das einmal brauchen werde, kann das einen Weg auslösen, der genau in diese Richtung führt.

Ich habe aber auch miterlebt, wie befreiend es für ein befreundetes Paar war, aus einem Haus in eine praktische, neue Wohnung zu übersiedeln und in diesem Zusammenhang viel alten Ballast abzustreifen. Allein dieser Ortswechsel hat bei ihnen ein neues Lebensgefühl ausgelöst.

Wir sind jedenfalls vorläufig in unserer Wohnung überaus zufrieden und bauen erstmal nur unsere Küche um, was dringend notwendig ist. Wir gehen das mit voller Begeisterung an, ist ja klar!

Aus all diesen Punkten nehme ich mit, dass es eine große, klare, neue Verantwortung für meinen kommenden Lebensabschnitt gibt. All diese Themen werden mich sicher noch länger begleiten.

Und was machst du jetzt?

Wir waren zu einem Geburtstagsfest eingeladen, bei dem ein befreundetes Ehepaar aus unserer Studienzeit den 65. und 60. Geburtstag gefeiert hat. Es waren jede Menge Studienkollegen da und daher die perfekte Gelegenheit zu erfahren, was andere mit ihrer neuen Freiheit und dem neuen Lebensabschnitt anfangen.

Das Thema Nummer 1 war: *Und was machst du jetzt?*

Gleich zu Beginn war auffallend, dass die meisten viel entspannter aussahen, ja in gewissem Sinne strahlender, als in den letzten Jahren. War das vielleicht der Grund, dass die Frage *Wie geht´s dir jetzt?* erst an zweiter Stelle stand? Oder aber, weil wir uns in unserer Gesellschaft einfach über das Machen definieren, auch in der Pension? Jedenfalls, die Bandbreite der gehörten Aktivitäten ist groß, und ich möchte einige interessante Entwicklungen unserer Freunde hier beschreiben (die Namen sind jedoch geändert).

- Stefan, bis vor kurzem noch Ministerialrat, hat sich mit 65 ein Mountainbike gekauft, fährt jährlich seine 600 bis 1000 Kilometer und unterstützt seine Söhne in deren Firma

- Andreas, früher Direktor eines Unternehmens, der seinen Job mit Leib und Seele gemacht hat, ist stolz, dass er nach seinem Aussteigen kein einziges Mal seinem Nachfolger auf die Finger geschaut hat. Er ist jetzt die meiste Zeit in seinem Ferienhaus in den Bergen, wandert viel, macht Schitouren und renoviert dieses Haus innen und außen.

- Franz, immer schon naturverbunden und sehr ausgeglichen, meinte, dass er seinen Job mit voller Konzentration gemacht hat und auch jetzt seine Pension mit voller Konzentration macht. Das bedeutet, sein Haus zu renovieren und instand zu halten. Das war früher nur an Wochenenden möglich, hat sich unendlich hingezogen, weil er immer wieder unterbrechen musste. „Jetzt ziehe ich diese Arbeiten in einem durch, das ist viel befriedigender".
- Hans war neben seinem Beruf lange Zeit Leistungssportler und widmet sich jetzt intensiv der Jugendarbeit im Sport.
- Anna war im Personalbereich tätig, hat nach ihrer Pensionierung ein Studium angefangen und sich die letzten drei Jahre der Logotherapie nach Viktor Frankl gewidmet. Ob sie das beruflich verwerten wird? Derzeit nicht, denn sie ist sehr aktiv in der Flüchtlingsintegration involviert.
- Maria war in der Erwachsenenbildung tätig und verbringt jetzt ihre Pension und Zeit mit Sport, Freundinnen Treffen, Reisen und Familie.
- Für Katharina hat sich von der Arbeit nicht viel geändert, da sie als Künstlerin immer in ihrem eigenen Atelier gearbeitet hat. Für sie gibt es keine Zäsur um die 60. Sie will ihre Arbeiten unverändert weitermachen. Trotzdem ist es anders geworden, weil ihr Mann jetzt auch in Pension ist und die Söhne aus dem Haus sind. So muss auch sie sich jetzt auf einen neuen Lebensrhythmus einstellen.
- Johanna, ehemalige Fachärztin in einem Krankenhaus, die bis zum Schluss auch Nachdienste machen musste, meinte, dass die größte Umstellung ihr Körper hatte. Die

ersten Monate hat sie unendlich viel geschlafen und dem Körper danach einen neuen, eigenen Rhythmus gegeben. Sie hat bereits mehrere Enkelkinder und betrachtet diese neue Zeit als eine Chance mit ihnen gemeinsam die Welt neu zu erleben. Außerdem fährt sie weiterhin auf Ärztekongresse, um fachlich am Ball zu bleiben.

- Barbara, die Marketingleiterin in einem internationalen Konzern war und einen wirklich aufreibenden, stressigen Job hatte, hat die Aufnahmeprüfung auf die Kunstakademie geschafft und studiert jetzt Keramik.
- Walter, früher Oberarzt in einem Krankenhaus, war immer schon begeisterter Handwerker. Nun ist er mit Leib und Seele Elektriker, Maurer, Tischler, Fliesenleger, Gärtner und Bierbrauer. Er ist die graue handwerkliche Eminenz in seiner ganzen Siedlung, zur Freude aller Nachbarn, und glücklich über jedes Projekt.

Ich bin fasziniert von der Bandbreite der Ideen und Konzepte, die ich erfahre, denn offensichtlich hat jeder und jede eine erfüllende Aufgabe gefunden.

Das oberflächliche Geplauder bei unserem Treffen ist ausgesprochen fröhlich und angenehm. Ob dahinter, so wie bei mir, Gedanken über Sinn und Zukunft wichtig sind, erkenne ich nicht. Denn derzeit, in der Euphorie der vielen Zeit und Möglichkeiten, steht das Machen und die Frage *Und was machst du jetzt?* im Vordergrund.

Manchmal bricht eine Hiobsbotschaft in diese Euphorie, wenn berichtet wird, dass irgendein Freund oder eine Freundin an einer Krankheit leidet. Diese Nachricht fährt wie ein Blitz in die Gesellschaft und löst eine Art Schock aus, durch

Gedanken an eine vielleicht unangenehme Zukunft. Es sind die Momente, mit denen niemand etwas anfangen kann. Ein Gefühl von Ohnmacht und Unausweichlichkeit schwebt über uns. Nach einer meist einstimmigen Betroffenheit gewinnen aber bald die Berichte über *Und was machst du jetzt?* wieder die Oberhand.

Unsere Gesellschaft hat kein Konzept, mit körperlichen Schwächen gut umzugehen. Früher hat mich das sehr belastet. Berichte von Krankheiten und der Angst davor, etwas Schrecklichem ausgeliefert sein zu können, haben mich manchmal sehr belastet. Heute, nach meinen vielen energetischen Ausbildungen, kann ich ganz anders damit umgehen, weil ich Krankheiten generell eine andere Bedeutung gebe. Ich sehe heute darin primär die Botschaft des Körpers mit einer Situation nicht klar zu kommen. Damit ist man nicht Opfer eines schrecklichen Zufalls, sondern kann selber einen wesentlichen Beitrag zur Heilung leisten.

Gar nicht zur Sprache kommt bei all den Gesprächen, was die Pension für die Beziehung bedeutet. Irgendwie scheint es, haben sich alle eingerichtet und sind ganz zufrieden damit. Nur manchmal gibt es hinter fröhlichen Gesichtern und Geschichten eine Art Unzufriedenheit. Ein Gebrummel über Eigenheiten und Veränderungen des Partners/der Partnerin durch das viele Zusammensein oder unerfüllte Erwartungen. Eine Freundin sagt mit einiger Ironie über die neue Unordnung in der gemeinsamen Pension: „Die Tage *schönes Wohnen* sind jetzt halt vorbei."

Egal in welcher Gesellschaft und Konstellation, ein Thema ist definitiv tabu: Sex im Alter. Es gibt nicht den leisesten Hauch einer Erwähnung. Mich würde es interessieren, wie sich Erotik und Sexualität über die Jahre verändern und wie Paare, die 30 oder 40 Jahre zusammen sind, damit umgehen. Aber solche Themen werden nicht einmal im kleinen Kreis besprochen.

Kleider machen Leute oder was werde ich jetzt tragen?

Für viele Berufe gibt es so etwas wie einen Dress-Code. Bei uns im Unternehmen war das ziemlich formell und eher elegant. Im Headquarter eines großen Konzerns gibt es ungeschriebene Gesetze, was man tragen kann und was nicht, und alle orientieren sich daran. Wenn Leute aus der IT-Branche oder aus einer kreativen Branche mit uns gearbeitet haben, hat man sie bereits von weitem erkannt. Anwälte und Berater ebenso. Mein Kleiderschrank ist daher ziemlich voll mit Business-Kleidung. Natürlich hatte ich die Kleidung nach meinem Geschmack gewählt, aber trotzdem war sie angepasst. Business-Kleidung für Business Leute.

All das passt jetzt nicht mehr in mein Leben. Um auf der Terrasse zu sitzen, selbst wenn ich dort arbeite, brauche ich keine elegante Kleidung. Auch als Coachin und Trainerin benötige ich wieder ganz neue, viel individuellere Kleidung, *smart casual*, wie es so schön heißt. In jedem Fall passt das jetzt viel besser zu mir und in mein neues Leben.

Ich stelle auch fest, dass ich ganz bewusst nicht in den Schlendrian verfallen darf, mein Äußeres zu vernachlässigen und nur mehr in weiten Jogginghosen und T-Shirts herumzulaufen. Nicht umsonst heißt ein Sprichwort „Kleider machen Leute“ und es macht einen echten Unterschied, wenn ich sorgfältig mit meinem Äußeren umgehe.

Ich sortiere also meinen ganzen Kleiderschrank nach den Kriterien: *Business formal* viel zu streng, zu angepasst (brauche ich sicher nicht mehr), immer noch *business casual* aber gefällt mir einfach sehr gut, *smart casual* sportlich-elegant, lässig, genau das, was ich jetzt brauche, sowie *casual* Freizeitkleidung, für daheim zum Herumlungern. Es fällt mir überhaupt nicht schwer, mich von meiner strengen Businesskleidung zu trennen. Teile davon schenke ich her, andere gehen in eine Kleidersammlung. Es fühlt sich gut an. Schließlich suche ich mir noch ein paar neue Stücke für mein neues Leben und nehme mir vor, mich sorgsam und mit Freude zu kleiden, selbst wenn ich zu Hause bin und etwas arbeite, bei dem mich niemand sieht, oder einfach nur um für mich selbst gut auszusehen.

Unsere Fahrten ins Blaue

Laut Wetterbericht war das heute der letzte richtige Sommertag, vom Westen her kommt eine Kaltfront und ab morgen soll es herbstlich sein. Es hatte nochmals 30 Grad und war strahlend schön. Diesen Sommer habe ich so bewusst erlebt wie selten einen zuvor. Und wirklich erlebt, denn so viel draußen, in der Sonne und in der Natur, war ich noch nie, ausgenommen vielleicht in meiner Kindheit am Land.

Wir wollten diesen warmen Sommertag noch feiern und sind am Nachmittag einfach „ins Blaue gefahren“. Immer öfter kommen mir Ideen und Aktivitäten aus meiner Kinder- und

Jugendzeit in den Sinn, die mir damals schon Freude gemacht haben. Denn genau so nannten meine Eltern auch die Sonntagsfahrten in den 1960er Jahren. Damals fuhren wir, also die ganze Familie, an einem schönen Sonntag einfach von zu Hause los, ohne Ziel, einfach ins Land hinein. Jeder im Auto durfte abwechselnd sagen wo wir als nächstes abbiegen. Zuerst auf eine kleinere Straße, dann nochmals und nochmals. Irgendwann sind wir auf irgendeinem Feldweg gelandet, wo es nicht mehr weiterging. Dort war dann unser Picknickplatz.

So ähnlich machen wir das noch heute, allerdings ziehen sich unsere Kreise viel weiter und wir sind dann einen ganzen Tag unterwegs, manchmal ohne Picknick und dafür mit GPS. Wir haben ganz erstaunliche Plätze gefunden, von denen wir bisher gar nichts wussten, wie beispielsweise versteckte Schlösser oder Plätze mit großartiger Aussicht. So haben wir zum Beispiel jenen Punkt gefunden, von dem man Wien und Bratislava gleichzeitig im Blickfeld hat. Das ist einzigartig auf der Welt: gleichzeitig zwei Hauptstädte zu sehen.

Fünf Monate ist es jetzt her, seit ich meinen regelmäßigen Job aufgegeben habe, und man könnte meinen, dass es jetzt schon zur Normalität gehört, dass wir jederzeit einen Ausflug machen können. Aber so ganz ist das bei mir noch nicht verankert. Das Gefühl, dass es etwas Besonderes ist, ist nach wie vor noch vorhanden.

OKTOBER

Es gibt 5 Säulen für ein vitales und glückliches Alter

Ein Klient kam mit dem Wunsch zu mir, ihn dabei zu unterstützen, eine sinnvolle Tätigkeit für seine Pension zu finden. Wie passend, dass er gerade jetzt zu mir kommt, wo ich mich selber intensiv damit auseinandersetze. Ich finde es sehr gut, dass sich jemand bereits während seiner Berufsphase mit diesen Fragen aktiv befasst und nicht einfach nur wartet, was sich danach ergibt. Auch wenn es, wie ich derzeit erlebe, danach trotzdem eine große Umstellung ist und vieles sich erst dann ergeben kann.

Jedenfalls hat mich dieses Coaching veranlasst, noch intensiver darüber nachzudenken, was ich bereits im Kapitel „Verantwortung für die nächsten 40 Jahre" unter meiner „neuen Jobbeschreibung" festgehalten habe.

Für mich gehören folgende fünf Lebensbereiche erfüllt, damit diese neue Lebensphase bestmöglich gelingt. Ich nenne sie daher „Die 5 Säulen für ein vitales & glückliches Alter". Über alle Säulen hinweg ziehen sich die Eigenschaften wie Freude und Begeisterung, auf die ich bereits intensiv eingegangen bin.

Die 5 Säulen für ein vitales & glückliches Alter

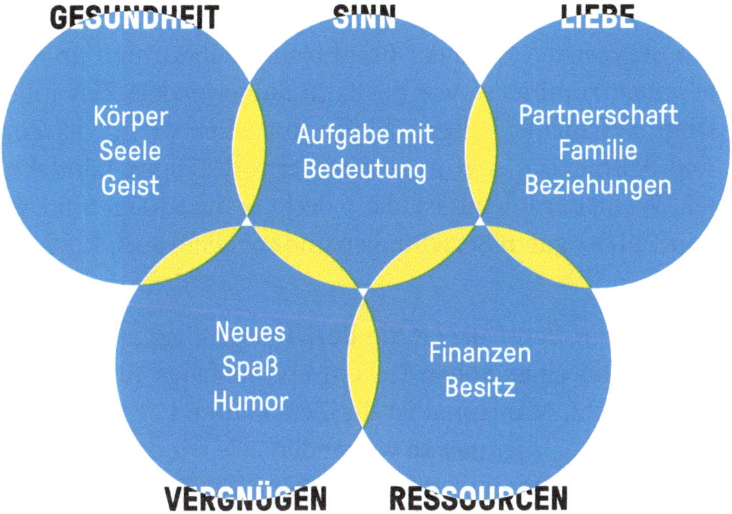

Sicher benötigt nicht jede Säule den gleichen Anteil unserer Aufmerksamkeit und Zeit, aber ich möchte sie dennoch von der Wichtigkeit her gleichgestellt sehen, denn die Balance ist es, die uns gesund, vital und glücklich erhält.

Diese Säulen unterscheiden sich nicht wesentlich von den wichtigen Themen unseres bisherigen Lebens. Allerdings waren sie selten in Balance. In einem oder mehreren dieser Bereiche sind wir vielleicht souveräne Meister, während uns ein anderer Bereich Schwierigkeiten macht. Meist vernachlässigen wir gerade diesen. Einige Menschen sind extrem erfolgreich im Beruf oder können gut mit Finanzen umgehen, haben aber Probleme mit der Gesundheit und manche auch mit ihren Beziehungen. Andere sind gesund und haben ein erfülltes Liebes- und Familienleben, können aber mit ihren Ressourcen nicht gut wirtschaften.

Für die meisten stand der Beruf bisher unbestritten im Mittelpunkt, zumindest, was die dafür aufgewendete Zeit anbelangt. Für nichts, außer Schlafen, brauchen wir so viel Zeit und Aufmerksamkeit in unseren erwerbstätigen Jahrzehnten. Wenn der Job gut ist, dann deckt er die Säulen Sinn, einen Teil der guten Beziehungen und vor allem auch Ressourcen ab.

Neben dem Beruf haben die Beziehungen, ganz besonders die Familie, einen hohen Stellenwert und fallen auch zeitlich ins Gewicht. Manchmal ist die Zeit während des Berufsalltags dafür nicht immer so vorhanden, wie wir das gerne hätten, und der Wunsch nach mehr Zeit für Familie, Kinder, Partner wirkt belastend. Während des Berufslebens ist damit im Grunde das Potenzial unserer verfügbaren Zeit schon fast ausgeschöpft, denn es sind ja auch noch eine Menge an organisatorischen Dingen zu tun, die den Bereich Ressourcen betreffen.

Die Säule Vergnügen war für viele dem Beruf untergeordnet und diente insbesondere der Erholung, etwa mit einem Urlaub. Mit diesem Bereich meine ich allerdings noch etwas anderes, nämlich überraschende Erlebnisse, abseits von allem Planbaren, die einen zum Lachen bringen oder wirklich neue Erfahrungen ermöglichen, die unseren Geist anregen und wachhalten. Vergnügen um des Spaßes Willen, dafür ist während des Berufsalltages meist gar keine Zeit vorhanden.

Jetzt werden die Karten neu gemischt und es liegt tatsächlich an jedem Einzelnen neu zu definieren, welchem Bereich er oder sie sich mit welcher Intensität widmen möchte.

In der Vorbereitung auf den nächsten Lebensabschnitt sehe ich aus eigener Erfahrung Parallelen zum Mannschaftssport. In der Pause nach der 1. Halbzeit gibt es ein Coaching, in dem man sich die erste Hälfte intensiv anschaut und sich Strategien für die 2. Halbzeit überlegt. So etwas Ähnliches empfehle ich jedem für das persönliche Leben durchzuführen. Im Midlife-Coaching bringt man all jenes hervor, was gut war, söhnt sich mit den eher bescheidenen Teilen der Vergangenheit aus, lernt aus den eigenen Erfahrungen und konzentriert sich schließlich ganz auf das Kommende. Ich empfehle so eine Analyse und ein Wunschszenario für jede der einzelnen Säulen zu machen. Um Ihnen Anregungen dafür zu geben, möchte ich im Folgenden einige theoretische Hintergründe zusammenzustellen, verbunden mit dem Wunsch zum Nachdenken und Handeln anzuregen.

GESUNDHEIT: Körperliche & persönliche & spirituelle Entwicklung

Es geht um die Wartung unseres Körpers, *um Instandhaltung.* Wenn bei unserem Auto ein Warnlämpchen aufleuchtet, fahren wir in die Werkstatt und nicht weiter mit „Full-Speed“. Dort wird der Ursache für das Aufleuchten auf den Grund gegangen, die Sache repariert, oder vielleicht sogar ein ganzes Service gemacht. Das Warnlämpchen geht von selber aus und wir können beruhigt weiterfahren. Mit unserem Körper gehen wir vergleichsweise viel sorgloser um, denn die routinemäßigen Gesunden-Untersuchungen, die bei uns angeboten werden, betreffen ja nur eine kleine Facette von dem, was unseren Körper gesund erhält und seine Selbstheilungskräfte anregt, nämlich den physischen Teil. Der emotionale und spirituelle Teil wird häufig nicht „instandgehalten“. Dabei ist es die Einheit von Körper-Seele-Geist, die über unser Wohlbefinden entscheidet.

Wenn wir den Körper nur als Maschine verstehen, können wir von Abnützungserscheinungen sprechen. Für viele ist es daher selbstverständlich, dass man im Alter Probleme hat und vieles nicht mehr so funktioniert wie früher. Dabei wissen wir heute, dass sich unsere Zellen permanent, teilweise täglich, erneuern und alle sieben Jahre unser gesamter physischer Körper runderneuert ist. Warum zeigt er dann Alterungserscheinungen? Weil die Neubildung nach alten Vorlagen erfolgt, ähnlich der Kopie einer Kopie. Die aktuelle Forschung gibt uns allerdings bereits viele Beweise, dass wir gerade in diesem Bereich durch neue Einstellungen und Gedanken das Feld, das die Zellbildung umgibt, so beeinflussen können, dass wir tatsächlich die Qualität der Kopie verbessern können.[26]

Ich glaube, dass wir die Sprache des Körpers, die Psychosomatik, oft nicht verstehen und seine Anzeichen großzügig ignorieren. Wir sind gut beraten sie zu lernen, wenn wir im Alter gut leben wollen. Unser Körper ist unser sensibelster Freund mit seinen ganz eigenen Ausdrucksweisen. Er zeigt uns an, wo unser Verstand und unser Verhalten ihn ein- und ausgebremst haben. Im wahrsten Sinne des Wortes. Durch Gedanken und Emotionen lösen wir Störungen aus, die einzelne Energiebahnen mehr und mehr blockieren, sodass Teile des Körpers nicht mehr ausreichend versorgt werden. Wie eine Turbine, die zu wenig Wasser bekommt und dadurch nun weniger Leistung erbringen kann. Wenn wir sorgfältig darauf achten, wo sich Anzeichen für eine schlechte Versorgung zeigen und anschließend die psychosomatischen Themen dahinter anschauen, wissen wir, wo wir mit der wahren Heilung ansetzen können.

Auf dieser Ebene treffen sich persönliche Weiterentwicklung und Sorgfalt für den Körper in einer Win-Win-Situation. Mir hat die Sprache meines Körpers oft gezeigt, wo und wie ich mein Verhalten, meine Einstellungen, meine Emotionen ändern muss, sodass anschließend die entsprechenden Symptome dauerhaft verschwunden sind. So etwa bei Migräne, Stirnhöhlenentzündungen und selbst bei einem Meniskuseinriss. Alle diese Themen haben mir tiefe Einsichten in emotionale Problemzonen gebracht und durch das Bearbeiten bin ich nicht nur das körperliche Problem losgeworden, sondern insgesamt freier geworden.

Aus meinen eigenen Erfahrungen bin ich davon überzeugt, dass in dieser konsequenten Vorgangsweise auch der Schlüssel für ein gesundes und vitales Alter liegt. Wenn man der Sprache des Körpers folgt, weiß man, ob man mit Volldampf vorausgehen kann oder lieber eine Ruhepause einlegen soll, vielleicht sogar stehen bleiben muss (etwa bei Schmerzen in Rücken, Hüfte oder Bein) um nachzudenken, ob der eingeschlagene Weg wirklich gut und richtig ist.

All das schließt eine medizinische Behandlung nicht aus, sondern ist komplementär zu sehen. Und selbstverständlich gehört der Körper auch mit den bestmöglichen Dingen versorgt, bewegt und gepflegt, aber das ist ja für mich und viele andere sowieso selbstverständlich und angenehm, sodass ich darauf hier nicht näher eingehe.

Mit dem Gesundheitsbegriff, erweitert auf Körper-Seele-Geist, rückt auch das Thema Spiritualität mehr in unseren Fokus. Definitionen von Spiritualität gibt es unzählige, aber mit dem Intellekt kann man hier wenig ausrichten, da es primär um das Erleben und die persönliche Erfahrung von tiefen Einsichten und um Erfüllung geht. Trotzdem möchte ich die Definition der Psychotherapeutin Anneliese Fuchs zitieren, weil sie Spiritualität so treffend auf den Punkt bringt: *Spiritualität ist dort gegeben, wo ein Mensch etwas Höheres akzeptiert, ganz gleich, ob er das Gott nennt oder anders. Dieses Höhere greift in unser Leben ein, es ist nichts Fernes, sondern etwas sehr Vertrautes. Für mich gehört zur Spiritualität auch, dass man – logischerweise – an ein Leben nach dem Tod glaubt.*[27]

Früher war Spiritualität oft den Mönchen und Priestern in Klöstern und Kirchen vorbehalten, die Zeit für Gebete und Einkehr hatten. Erst in den letzten Jahrzehnten sind in unserer westlichen Welt die fernöstlichen Techniken wie Meditation, Yoga, Qi Gong und viele mehr eingezogen, die es allen ermöglichen, unabhängig von der Zugehörigkeit zu einer Glaubensrichtung, neue Ebenen des Bewusstseins zu erreichen. All diesen Praktiken gemein ist die harmonische Balance von Körper-Seele-Geist, während die westliche Spiritualität den Körper oft außer Acht gelassen hat.

Das Interesse an Meditation ist in den letzten 20 Jahren enorm gestiegen und die vielen positiven Einflüsse auf unsere Gesundheit sind mehrfach bestätig. Für mich ist Meditation aber noch viel mehr, sie ist der Schlüssel zu tieferen Ebenen meines Seins und der Zugang zu nicht-lokalem Geist, die Begegnung mit dem Höchsten Bewusstsein.

SINN: Aufgabe mit Bedeutung

„Alter ist ein Start-up-Unternehmen! Da geht es nochmal richtig los. Da lassen sich noch Träume verwirklichen. Die Zeitspanne von 60 bis 90 ist genau so lang, wie die von 30 bis 60! Da bekommt man nochmal so viel geschenkt. Vorher war Pflicht, heute ist Kür." Sagt Greta Silver, heute 70 Jahre, die mit 66 unter anderem einen Youtube-Kanal aufgebaut hat, um ihre Lebensfreude im Alter weiterzugeben. [28]

Wieso sind heute so viele coole Alte unterwegs, die bis ins hohe Alter so aktiv und tätig sind?

Ich glaube, ein wesentlicher Grund liegt darin, dass wir „Jung-Pensionistinnen und -Pensionisten" in einer Zeit aufgewachsen sind, die man mit Wirtschaftswunder bezeichnet hat. Das war unsere Kindheit. Wir sind mit der Überzeugung aufgewachsen: Es wird immer besser und toller. Genau das hat sich epigenetisch bei uns eingeprägt, das haben wir sozusagen im Blut. Während unsere Eltern in der Kriegsgeneration und zu Zeiten starker Entbehrungen Kinder und Teenager waren, sind wir, die jetzt in Pension gehen, in stabile Zeiten mit mehr und mehr Wohlstand hineingeboren. Wir gehen also mit einer ganz anderen Prägung ins Alter, als zum Beispiel unsere Eltern. Wir haben ganz andere Voraussetzungen dafür. Daher sind sie und ihre Vorstellungen vom Alter nur bedingt ein Vorbild für uns. Wir müssen und können einen neuen Weg, unseren Weg, in ein vitales und glückliches Alter, finden.

Wenn es um eine Aufgabe und Tätigkeit im Alter geht, die Sinn und Bedeutung hat und Begeisterung auslöst, muss es etwas sein, das über den Kleinkram hinausgeht, mit dem man sich so alltäglich beschäftigt.

Die Aufgabe, der Beruf, hat sicher auch bisher eine dominante Rolle gespielt. Ob das immer mit Bedeutung und Begeisterung verbunden war, möchte ich allerdings bezweifeln. Für viele war er dazu da, primär den Bereich Ressourcen zu versorgen, um ein materiell gutes Leben führen zu können. In meinen Jobs, so interessant sie auch waren, gab es viel bürokratischen Kleinkram zu erledigen, der einen entscheidenden Teil meiner Zeit in Anspruch genommen hat. Sicherlich war auch das wichtig, aber ich habe mich oft gefragt: Muss es denn so viel sein? Es war genau diese rein operative Tätigkeit, bei der ich mir schließlich gedacht habe: „Dafür ist mir jetzt meine Zeit zu schade".

Es kann verlockend sein, von der Erwerbstätigkeit direkt in eine neue Aufgabe zu schlüpfen, die einen vollends ausfüllt. Fast wie ein reiner Jobwechsel. Aber selbst, wenn man etwas gefunden hat, das einen erfüllt und begeistert, darf es aus meiner Sicht kein tagfüllender Job mehr sein, weil auch die anderen Säulen eine intensive Aufmerksamkeit brauchen, wenn man sie in Balance halten will. Das ist eine wirklich neue Erkenntnis für mich. Darüber hinaus muss es etwas sein, bei dem ich das Gefühl habe, wirklich einen Beitrag zu leisten. Im herkömmlichen Sinn muss diese Aufgabe auch nicht immer monetär bewertet sein und es geht auch nicht um das Ansehen dieser Aufgabe in der Gesellschaft.

Mein Mann liebt seine ehrenamtliche Tätigkeit für das Museum und auch die Beispiele, die ich im Kapitel „Und was machst du jetzt?" gezeigt habe, beweisen, dass viele Menschen keine großen Probleme damit haben, genau das zu finden, was das Herz zum Singen bringt. Für mich ist es derzeit die Energetik, insbesondere die erstaunlichen Möglichkeiten, die diese neue Weltsicht und Methoden eröffnen. Die

Freude zu erleben, wenn meine Klienten ihr Strahlen in sich selber und in ihrem Business (wieder)finden, erfüllt mich mit Sinn und Begeisterung.

LIEBE: Partnerschaft, Familie & Beziehungen

Im Grunde ist es die Liebe, die unser Leben ausmacht: die Liebe zu uns selber, die Liebe, die wir anderen geben und die Liebe, die wir bekommen. Ohne die Liebe ist alles nichts!

Die Liebe selbst kann man mit Worten kaum erfassen, sondern nur spüren und erfahren, wenn man sich darauf einlässt. Nach Barbara Fredrickson, Expertin für Positive Psychologie, ist Liebe für uns Menschen gleich wichtig wie Sonnenlicht, Sauerstoff und gutes Essen. Wir brauchen Liebe zum Leben und können nicht genug davon bekommen. Sie erfüllt uns mehr und intensiver als Glück und Optimismus und wirkt sich bis auf unsere Zellebene aus.

Daher ist es überraschend, wie groß die Unterschiede sind, mit denen Menschen mit dem Thema Liebe umgehen. Jeder sehnt sich nach Liebe, also danach, von einem anderen Menschen geliebt zu werden. Weit weniger Menschen sehnen sich danach, Liebe zu geben, aber es gibt sie: die Menschen mit einem großen Herzen oder auch die tiefe, langjährige Liebe. Für manche ist Liebe ein romantisches Geplänkel. Manche Menschen verschließen sich der Liebe, weil sie schlechte Erfahrung gemacht haben. Manche sind ihr Leben lang auf der Suche danach und fallen von einer unglücklichen Beziehung in die nächste.

Robert Betz sagt: *Die wahrhaft Liebenden wollen annehmen, verstehen, mitfühlen, ehren, würdigen und sich selbst dabei entdecken. Denn Liebe ist das, was wir sind, unsere Existenz, unsere wahre Natur. Liebe ist das Alles-was-ist, das Allumfassende, unsere Quelle und wir in ihr.*[29]

Egal, wo man sich auf der Liebesskala befindet, es gibt immer noch etwas zu erweitern oder zu heilen, ganz besonders im Alter, wenn wir bereits sehr viele Erfahrungen gemacht und Verletzungen erfahren haben.

Liebe und Beziehungen gehören zusammen. *Es gibt den Menschen als Einzelwesen gar nicht, denn wir sind eingebettet in eine Welt sozialer Beziehungen.* (Gerald Hüther in einem Interview). Als Energetikerin gehe ich noch einen Schritt weiter und sage: „Auf einer Quantenebene sind wir alle miteinander verbunden". Das bedeutet, dass wir uns niemals von anderen abtrennen können, sondern unsere Energien wie Wellen ineinanderfließen und gemeinsam ein Muster erzeugen. Man nennt dies positive oder negative Interferenz. Entweder wir gehen in *konstruktive Interferenz*, in Resonanz, und verstärken unsere Energie wie in einem schönen, harmonischen Musikstück oder wir gehen in *destruktive Interferenz* und reduzieren unsere Energien, sodass wir dann wie ausgelaugt auseinandergehen. Wie oft wir das doch schon erlebt haben! Das Spannende hier ist, dass Liebe und die Energie unseres Herzens, selbst wenn sie einseitig ausgesendet werden, einen beruhigenden, erfüllenden, erhebenden Effekt auf beide hat, einfach, weil sie die höchste Schwingungsebene sind.

Liebe zahlt sich immer aus!

Auf dem Feld unserer Beziehungen ist in diesem Lebensabschnitt jede Menge zu tun.

Es beginnt schlicht und einfach mit uns selber. Wie sehr liebe ich mich? Wie sehr bin ich bereit, zu allem bisher Ungeliebten Ja zu sagen? Wie gut kenne ich meine Bedürfnisse? Die Erfahrungen mit uns selber und die Reise zu unseren inneren, oft verletzten Kindern, die wir dann in Liebe annehmen lernen und so Schluss machen mit alten, negativen Emotionen, ist das Beste, was man machen kann. Ganz besonders in diesem neuen Lebensabschnitt, wo wir Zeit dafür haben.

Ein weiterer wichtiger Schritt im Zusammenhang mit Beziehungen ist Vergebung. Es gibt kaum etwas Befreienderes als energetische Vergebungsarbeit. Es geht keinesfalls darum, geschehene Dinge oder Situationen zu beschönigen oder auszublenden. Die Tatsachen können wir nicht verändern, aber die emotionale Ladung und Last, die wir davon mitgenommen haben, von der können wir uns befreien. Vergeben können wir für ganz grobe Vergehen, etwa im Bereich der Familie, genauso wie für sehr kleine, aber nachhaltige, oft unterschwellige Verletzungen. Vielleicht hilft dafür die spirituelle Anschauung, dass sich unsere Seelen ihre Familien ausgesucht haben, weil sie eine bestimmte Erfahrung in diesem Leben machen wollten. Vielleicht macht dann alles mehr Sinn, wenn wir uns von der Seite nähern, dass es das Wichtigste in diesem Leben ist, Erfahrungen zu machen und zu lernen und vor allem, Liebe zu entwickeln. In jedem Fall ist das familiäre Umfeld, die Beziehungen zu Eltern, Geschwistern und Kindern eine unendliche Quelle, um zu lernen. Und um zu lieben.

Vieles ist möglich, wenn man eine andere Brille verwendet und sich liebevoll mit den Verwandten auseinandersetzt. Einmal kam eine Klientin völlig aufgebracht zu mir und meinte,

„Mir reicht´s jetzt, ich lass mir meinen Erbteil auszahlen und möchte nichts mehr mit ihnen zu tun haben. Hilf mir, das gut über die Bühne zu bringen.“ Wir sprachen dann darüber, dass sie das auf einer materiellen Ebene sicher hinbekommt, aber energetisch gesehen ist das gar nicht möglich, denn die Seele sucht sich ja die Familie aus und es besteht immer eine Art Verbundenheit. Auf einer Quantenebene sind wir immer verbunden. Vor diese Tatsache gestellt, hat sie sich dann mit all den Familienmustern, Emotionen, Verletzungen und Verbindungen auseinandergesetzt und heute, zwei Jahre später, eine liebevolle, bereichernde Beziehung zu allen.

Leider ist so eine Wendung tatsächlich nicht immer möglich, besonders, wenn der oder die Andere keinerlei Entgegenkommen signalisiert. Auch die noch so liebevoll gemeinten, einseitigen Annäherungsversuche können jedes Mal zu einer neuen tiefen und schmerzhaften Enttäuschung führen. Der freie Wille liegt über allen persönlichen und energetischen Möglichkeiten. In diesem Fall muss man selber einen Weg finden, um das eigene Leid so klein wie möglich zu halten und innerlich auch mit dieser Situation Frieden schließen, zum eigenen Wohl und zur Unterstützung der eigenen Gesundheit.

Die oft genannte, oft missverstandene und nicht immer so einfache bedingungslose Liebe ist jene Kraft, die aus dem Herzen kommt und heilend wirkt, besonders für uns selbst. Bedingungslos heißt einfach „akzeptieren, was ist“. Oder auch „Ich liebe dich so, wie du bist.“ Es ist Liebe ohne Bewertung und Gegenleistung. Das heißt nicht, sich alles gefallen lassen zu müssen oder immer nachzugeben. Das heißt einfach, ich akzeptiere dich, so wie du bist, aber wenn es meine

Grenzen überschreitet, werde ich handeln und diese Grenzen verteidigen. Ja, das kann auch Konflikt sein. Es gibt den klassischen Spruch *Widerstand ist ein Angebot zur Kooperation.* Wenn ich mich nicht wehre, habe ich aufgegeben und stehe nicht mehr zu mir. Das sollte uns bewusst sein. Sich wehren heißt, einfach klar und respektvoll die eigenen Grenzen aufzuzeigen und zu verteidigen. Auch das gehört dazu, wenn wir unsere Beziehungen bis ins hohe Alter positiv entwickeln wollen.

Einen radikal neuen und anderen Ansatz zum Thema Liebe ergeben die Forschungsarbeiten von Barbara Fredrickson. *„Wir tendieren dazu Liebe mit Romantik zu verbinden, der Beziehung von Liebenden, aber das ist viel zu eingeschränkt. Wir müssen unsere Vorstellung von Liebe überdenken, denn wir sehen, dass sie einen enormen Effekt auf unseren Körper hat, bis hin zu den Zellen des Immunsystems.“* In ihrem Buch *LOVE 2.0: Finding Happiness and Health in Moments of Connection (Die Macht der Liebe: ein neuer Blick auf das größte Gefühl)* [30] beschreibt sie Liebe als ein erneuerbares Gefühl, das nichts mit Romantik, umso mehr aber mit Biochemie und dem bewussten Umgang miteinander zu tun hat. Liebe nach ihrer Definition sind Mikromomente positiver Verbindung, in denen zwei Menschen in intensive Resonanz gehen, wenn sie sich wirklich mit jemandem verbinden und eine gemeinsame Qualität der Positivität teilen. Diese Momente tiefer, inniger Verbindung, die primär über den Augenkontakt gehen, können unabhängig davon erlebt werden, ob sie zwischen Eltern und Kindern, Geschwistern, Freunden, einem Liebespaar, Lehrer und Schüler, Kunde und Kassiererin, oder einander völlig Fremden auftreten. Ob sich zwei Personen beim Austausch von Zärtlichkeiten in die

Augen sehen, oder ob sie Stunden später mit dem Busfahrer oder der Verkäuferin Blicke austauschen, um sich freundlich über eine Aktion zu verständigen, ist im Prinzip gleich. Das größte Hindernis dabei ist unser Kokon-Verhalten (Cocooning), indem wir uns in uns selbst vergraben oder im Handy versinken und nach außen abschotten.

Diese Form der Liebe können wir jederzeit anwenden und es gibt ein schier unendlich weites Gebiet, sie täglich vielfach zu erfahren. Barbara Fredrickson rät dazu, zumindest drei solche Mikromomente liebevoller Verbindung jeden Tag zu suchen und zu erleben. Nicht nur geht es uns selber damit besser, wir bringen damit auch einen Beitrag für, wie es so schön heißt, *eine bessere Welt.*

Ich habe das ausprobiert und versuche, so viele Kontakte der Liebe wie möglich in meinen Alltag zu bringen. Es ist erstaunlich, welche positive Resonanz man bei Leuten auslöst, die man gar nicht kennt, und wie schön diese Momente sein können.

VERGNÜGEN: Neues, Spaß & Humor

Wie oft haben wir in den letzten Jahren gesagt, *wenn ich dann Zeit in der Pension habe, mache ich dieses und jenes.* Was von all dem ist dann wirklich übergeblieben? Vielleicht gibt es aber auch noch Dinge, für die einfach noch nicht die Möglichkeiten da waren und die uns bis heute nicht aus dem Kopf gegangen sind. Ich bin zum Beispiel nie ein Tramper gewesen, bin nie mit dem Rucksack Interrail gefahren, habe nicht in einer Bar gejobbt oder bei einem Event Tickets verkauft. Es gibt ganz viele Tätigkeiten, die ich noch erfahren möchte. Nein, es geht nicht darum, verpasste Gelegenheiten nachzuholen, oder so zu tun, als wäre ich gerade einmal 20. Es müssen auch nicht die oben zitierten Tätigkeiten sein. Ich stelle mir ganz einfach vor, Dinge zu tun und zu erfahren, die bisher nie meinen Weg gekreuzt haben. Vor kurzem habe ich eine Dame getroffen, die mir strahlend erzählt hat, dass sie mit 72 ihren ersten Tandem-Fallschirmsprung erlebt hat. Sie ist so begeistert davon den freien Fall zu spüren, dass sie inzwischen auch ihren Mann dafür begeistert hat. Fallschirmspringen ist jetzt nicht mein Ding, aber ich werde mir ernsthaft Gedanken machen, was auf meiner Liste für *Neues* stehen wird.

Humor ist die Begabung eines Menschen, den Unzulänglichkeiten der Welt und der Menschen, den alltäglichen Schwierigkeiten und Missgeschicken mit heiterer Gelassenheit zu begegnen. So liest es sich in Wikipedia. Und meiner Meinung nach brauchen wir eine Menge Humor, um mit den Veränderungen im Alter klar zu kommen.

Humor zu analysieren ist wie das Sezieren eines Frosches – niemand tut es gern und am Ende ist der Gegenstand der Analyse tot (unbekannter Autor). Tatsächlich gibt es sie aber seit mehr als 20 Jahren, die Humorforschung. Obwohl wissenschaftliche Aussagen, inwieweit Humor im Alter eine Rolle spielt, noch rar sind, ist die heitere Gelassenheit von über 60-jährigen deutlich höher als die von jüngeren Menschen. Die Selbstironie nimmt zu und macht Humor zu einem Bestandteil des erfolgreichen Alterns.

Kann man Humor auch lernen? Ein guter Sinn für Humor äußert sich durch die Fähigkeit, sich zu entspannen, das Leben nicht so ernst zu nehmen und über seine absurden Momente zu lachen oder wenigstens zu schmunzeln. Alleine das Lächeln ist schon ein guter Anfang, denn dann ist es ist fast unmöglich negativ zu denken. Das wäre schon einmal ein guter Anfang. Am besten aber ist es, sich mit fröhlichen Menschen zu umgeben und von ihnen zu lernen; sich von ihrem Humor anstecken zu lassen. Womit wir wieder bei guten Vorbildern sind. Und nicht zuletzt, es gibt viele Karikaturen und Witze, in denen man sehr viel Heiteres über das Alter findet.

RESSOURCEN: Finanzen & Besitz

Fragt man Menschen danach, ob sie glücklich oder zufrieden sind mit ihrem Leben, antworten sie in der Regel mit einem Blick auf ihre Ressourcenausstattung: *„Ich habe ein gutes Einkommen, ein Haus, eine Wohnung, tolle Kinder, vielleicht noch ein schönes Auto, ein Feriendomizil etc. ... Ja, ich bin zufrieden."* In unserer Welt und Generation dreht sich der Fokus überwiegend um das Haben. Speziell während der „Rushhour" unseres Lebens, den mittleren Lebensjahrzehnten, wird unser Tun und Handeln davon dominiert, wie wir diesen Bereich stärken und ausbauen können. Jetzt können wir erfahren, wie ein gutes Leben aussehen kann, wenn sich das Anschaffen von neuen Ressourcen durch den Wegfall von regelmäßiger Erwerbstätigkeit verändert.

Geld. Finanzen. Besitz. Erbe. Das sind Themen, die in unserem Leben eine wesentliche Rolle spielen, über die allerdings berufenere Menschen schreiben können als ich. Es ist wohl die Säule, die ich bisher mit dem geringsten Vergnügen bewältigt habe. Sicherlich, der gute, sorgfältige Umgang mit unseren Finanzen gehört zum Alltag, und als Managerin waren mir Entscheidungen über teilweise enorm hohe Beträge geläufig. Budgets erstellen und Kostenkontrolle sind mir nicht fremd, aber es erfüllt mich nicht mit der Freude oder mit dem prickelnden Gefühl, das andere Kollegen an den Tag legten. Einige meiner Freunde waren richtige Meister auf diesem Gebiet, privat sowie beruflich, aber für mich war es immer nur ein notwendiges Erfordernis zum guten Leben. Bei bisher knappem Zeitbudget war die Zuwendung auf das Nötigste beschränkt, die anderen Bereiche hatten Vorrang. Daher frage ich mich jetzt, ob ich mich diesem Thema nicht vielleicht mit einer anderen Einstellung widmen kann.

Die richtige Vorsorge für die Pension begleitet uns schon viele Jahre, lange, bevor es so weit ist. Wie viel werde ich dann brauchen? Von Pensionslücke und Zusatzversicherung ist die Rede, von privater Vorsorge und angespartem Vermögen. All das steht jetzt auf dem Prüfstein, wenn es darum geht, wie die finanzielle Situation der kommenden Jahre aussieht.

Als weiteres Thema stellt sich auch die Frage, was mit Besitz geschieht? Was soll auf die Kinder übergehen und wann? Gibt es gute Regelungen für das Erbe, egal wie groß dieses ist? Diesen Fragen müssen wir uns mit der gleichen Intensität stellen wie dem Aufbau des Besitzes vor vielen Jahren. Manche Freunde machen das mit sehr großem Verantwortungsfühl. Nachdem dieser Bereich nicht zu meinen größten Stärken zählt, werde ich mich beraten lassen. Denn der gute Umgang mit den Ressourcen ist die Basis für ein gutes Leben.

Zu all diesen Säulen ließe sich natürlich noch viel mehr sagen. Es soll von meiner Seite auch nur eine Anregung darstellen, um sich diesen Themen so zu widmen, dass sie mehr und mehr in Balance kommen.

Nach diesem theoretischen Exkurs in die Grundlagen für ein vitales & glückliches Alter gehe ich jetzt wieder zu meinen persönlichen Erfahrungen zurück, die ich in meinem ersten Jahr in Pension gemacht habe.

Was mir mein Knie erzählt

In den letzten Tagen habe ich festgestellt, dass meine Grundkondition entschieden besser geworden ist. Im Sommer geht meine Laufstrecke die Donau entlang, um das Sommergefühl auszukosten, jetzt im Herbst laufe ich in die Weinberge am Stadtrand. Wien ist die einzige Großstadt, die in ihrem Stadtgebiet größere Weinanbauflächen hat. Jetzt im Herbst, wenn das Laub bunt verfärbt ist, ist es hier besonders schön und ganz speziell genieße ich den weiten Blick über die Stadt. Die Strecke ist alleine schon wegen ihrer Steigung anspruchsvoller und auch etwas länger. Ich bin jetzt viel schneller und leichter unterwegs als noch vor einem Jahr.

Das Schönste ist jedoch, dass mein Knie, das mir vor wenigen Monaten noch richtige Probleme machte, wieder völlig schmerzfrei ist. Da es ein gutes Beispiel für die manchmal überraschenden Zusammenhänge zwischen Erlebnis, Emotionen und Körpersymptom ist, und wie man diese auflösen kann, will ich es hier näher beschreiben.

Noch vor wenigen Monaten hatte ich immer wieder Meniskusschmerzen aufgrund einer Verletzung in meiner Jugend.

Zusätzlich zur physiotherapeutischen Behandlung und entsprechenden Übungen wollte ich auch der Psychosomatik nachgehen und herausfinden, was mir der Körper dazu für eine Geschichte erzählen kann. Ich suchte dazu eine Energetiker-Kollegin auf und gemeinsam fanden wir den energetischen Hintergrund. Als sie mich damit konfrontierte, dass es um die Auflehnung gegen eine Autoritätsperson im Zeitraum um meine Konfirmation ging, kamen schlagartig alte Verletzungen und Aggressionen wieder hoch. Dunkel kann ich mich auch erinnern, dass meine Knieverletzung in diesen Zeitraum passen könnte. Nach einer energetischen Behandlung und Vergebungsarbeit, fühlt sich mein Knie völlig neu an. Ob sich am Meniskuseinriss physisch etwas verändert hat, weiß ich nicht, ich habe es nicht überprüfen lassen; Fakt ist, dass ich schmerzfrei Sport machen kann.

Das ist ein gutes Beispiel dafür, dass uns der Körper ganz genau anzeigt, wo wir hinzuschauen haben. Und jetzt war offensichtlich genau der richtige Zeitpunkt dafür.

Raus aus der Komfortzone

Dort, wo man nicht hinschauen möchte, spielt die Musik! Den Ausschlag für eine intensive Diskussion über das Thema *Wo wir nicht hinschauen wollen,* gab ein Klient. Im Rahmen des energetischen Coachings wurde klar, dass er in erster Linie seinem Körper Ruhe und Pflege gönnen soll. Egal wie wir das Thema anschließend diskutiert haben, er wollte nichts davon hören und kam mit allen möglichen Gründen von Zeitknappheit bis Arbeitsstau, warum das für ihn nicht das Richtige ist. Alles in ihm hat sich gesträubt. Als Außenstehender sieht man das aber ganz klar. Da ist es so offensichtlich, dass man wirklich gute Veränderungen im Leben nur durchläuft, wenn man über die Komfortzone hinausgeht und etwas wirklich Neues ausprobiert.

Diese Erfahrung habe ich zum Anlass genommen und mit meinem Mann darüber diskutiert, wo wir nicht hinschauen, und prompt sind wir auf Themen gekommen, bei denen ich in Verteidigung gegangen bin. Es ist so wichtig, nicht nur „in der eigenen Suppe zu kochen", sondern jemand anderem, dem man voll vertraut, die Möglichkeit zu geben, einen aus der Komfortzone zu holen. Leider geht das meistens nicht ohne gefühlte Provokation, sonst wäre es ja einfach.

Bei mir war so ein Punkt erreicht, als wir uns entschieden haben mit diesem wirklich kleinen Wohnmobil unsere Reise nach Norwegen zu machen. Wir haben diese Entscheidung eingehend vorbereit und gebucht, allerdings nur anhand von Internetinformationen. Als wir kurz vor der Abreise zum ersten Mal das Fahrzeug in natura gesehen haben, hat sich alles in mir gesträubt. Alleine bei der Vorstellung fünf Wochen in dieser, wie ich es damals abschätzig bezeichnet habe, „Blechdose" verbringen zu müssen, vielleicht sogar bei schlechtem Wetter, hat mich plötzlich verunsichert. Dieses Gefühl war so stark, dass ich bereits einen luxuriöseren und größeren Camper anmieten wollte. Zum Glück hat mich mein Mann davon abgehalten und mich so dazu gebracht, meine Komfortzone zu verlassen, indem ich mir innerlich gesagt habe: *Gut, ich stehe zu meiner Entscheidung und dann probiere ich jetzt etwas ganz Neues aus und ich will es genießen.* Und gut war's! Es war einer der schönsten Urlaube, die wir je hatten! Das Auto war perfekt in seiner Kleinheit und ich habe erlebt, mit wie wenigen Dingen und Platz man wochenlang hervorragend auskommt. Bei jedem Wetter!

Empörungen! Eine Verschwendung von Energie

Ich habe viel mehr Zeit zum Beobachten. Egal, wo ich gerade bin, in der Straßenbahn, beim Einkaufen, in Cafés oder selbst beim Fernsehen, ich habe so eine entspannte Ruhe mein Umfeld zu beobachten, dass mir das Verhalten von Leuten viel stärker auffällt als bisher. In der letzten Zeit zum Beispiel ist mir häufig aufgefallen, wie sehr sich Leute über Kleinigkeiten aufregen können. Es erscheint mir fast wie eine Epidemie!

Es ist Samstagnachmittag etwa drei Uhr, strahlend blauer Himmel, also ein Tag zum Wohlfühlen. Auch die Geschäfte haben noch lange offen, also im Grunde gibt es keinen offensichtlichen Anlass für Hektik oder schlechte Laune. Das scheinen die Leute an der Kasse vom Supermarkt allerdings so nicht zu sehen, denn dort hat sich gerade die kollektive Wut entladen.

Es gibt drei Kassen, von denen nur eine besetzt ist. Innerhalb kurzer Zeit hat sich davor eine Warteschlange von geschätzten acht Leuten gebildet. Der Kassier an der Kasse arbeitet so schnell er kann. Es tauchen die ersten Stimmen auf: „Kann man eine weitere Kassa aufmachen?" Das klingt geschrieben gar nicht so böse, aber der Tonfall und die Lautstärke tragen dazu bei, dass sich die Stimmung aufheizt. Der Kassier arbeitet auf Hochtouren. Dann ertönt die Durchsage: „Liebe Kunden, wir öffnen in wenigen Minuten eine weitere Kassa." Kaum sind die ersten Laute zu hören, kommt ein Schub von hinten und die Schlacht um die Poleposition an der neuen Kassa beginnt. Ich bin mitten drinnen und unerwarteter Nutznießer, denn ich habe die Poleposition, weil ich dorthin geschubst wurde. Als nicht sofort jemand kommt, um die

Kassa aufzumachen, sind die Leute nicht mehr zu halten: „Was für eine Frechheit! Wird das heute noch was? Das kann doch nicht wahr sein! Wo sind wir denn? Wir haben ja nicht ewig Zeit!" Das geht so weiter, bis ein Mitarbeiter hektisch herbeistürzt, um die Wartenden abzufertigen.

Ich bin immer wieder erstaunt, wie sich so viel Empörung und Negativität bei einer völlig harmlosen, unproblematischen Situation entzünden kann. Wissen die Leute überhaupt, was sie sich damit selber antun und allen anderen um sie herum ebenfalls? Ganz zu schweigen von den beiden armen Mitarbeitern, die in den Fokus der Schimpftiraden gekommen sind. Wie kommen die eigentlich dazu? Es kann schon sein, dass es der eine oder andere vielleicht etwas eilig hatte, aber sicherlich nicht alle, die sich da dem Chor der Empörenden angeschlossen haben.

Ich will mich nicht anstecken lassen und bleibe bewusst in meiner positiven Energie. Sehr bewusst atme ich Ruhe in diese ganze Hektik, da ein starkes, kohärentes Herzfeld auch die Personen im Umkreis in Entspannung bringt. Mit dem Kassier spreche ich dann noch ein paar nette Worte, um ihn aus dem ganzen Drama etwas herauszuholen und erhalte einen dankbaren Blick. Es ist genauso ein Mikromoment der Liebe, wie Barbara Fredrickson das nennt. Genau darin sehe ich heute auch meine Aufgabe, jene Aufgabe, die man bis ins hohe Alter machen kann. Ich helfe durch meine Ausstrahlung und Liebe anderen Leuten in eine bessere Stimmung zu kommen. Natürlich sind nicht alle Menschen immer gut drauf, aber jene, die wie ich Zeit haben, könnten das.

Energetisch gesehen ist so ein Empörungssturm höchst ungesund und vergleichbar mit einer Infektion, von der man sich dann erst langsam wieder erholen muss. Emotionen sind ansteckend, sowohl negative als auch positive, und können ganze Stürme auslösen. In der letzten Zeit erleben wir das ganz besonders über die sozialen Medien. Wir sind also gut beraten, unsere gute Laune zu verteidigen und auszustrahlen.

Szenenwechsel: Ich jogge eine eher steile, enge Straße am Stadtrand von Wien hinunter. Vor einem Haus steht ein Kranwagen, der die enge Straße fast völlig absperrt, während der Fahrer bei der Gartentüre anläutet. Dahinter hält ein großes Auto, aus dem eine junge Frau im Joggingoutfit aussteigt und in aufgebrachtem Ton lauthals ihre Empörung loswird. „Sie können doch da nicht einfach so stehen bleiben! Ich muss da hinauffahren! Was bilden Sie sich ein, die ganze Straße zu sperren, gibt es dafür überhaupt eine Genehmigung? Warum ist das nicht angekündigt? Wie geht das hier jetzt weiter?“ Sie schimpft auf den Fahrer ein, während ich weiterlaufe und mir überlege, woher so viel Aggression wegen einer so nichtigen Sache kommt. Noch dazu, wo ich sehe, dass hinter ihrem Auto kein anderes steht und Umdrehen eine leichte Aktion wäre. Zumindest ist es ihr gelungen mehr Negativität in den Tag zu bringen, für sich selber, den Fahrer und vermutlich viele weitere Personen, denn beide tragen das ja noch einige Zeit mit sich herum. Wieder aus der Energetik betrachtet, sind solche Situationen keine Zufälle, sondern zum Beispiel unbewusst motiviert: *Lerne endlich, gelassen mit so etwas umzugehen.* Wie immer man es sieht, man könnte so einer Situation auch etwas Gutes, in jedem Fall aber wenigstens ein neutrales „Ist halt so!“ abgewinnen.

Für mich ergeben sich daraus zwei Bereiche der Empörung, der Negative und der Positive. Im negativen Fall wirft jemand seinen Ärger über eine für ihn oder sie unangenehme Situation mit mehr oder weniger aggressiven und bösen Worten hin und erwartet, dass andere diese Situation so lösen oder bearbeiten, wie er oder sie es sich vorstellt. Was immer geschieht (also selbst wenn die Situation bereinigt wird), bleibt der Ärger auf beiden Seiten noch eine geraume Zeit weiter bestehen. Im positiven Fall schaukelt die Empörung die eigene Energie so auf, dass man sich selbst an die positive Lösung der Situation oder des Zustandes macht. Dann ist die Empörung der Impuls für positive Veränderung.

Negative Empörung ist aus meiner Sicht eine massive Verschwendung von Energie sowie langfristig eine Ursache für Krankheiten. Wenn wir das vor Augen haben, sollten wir vorsichtiger damit umgehen und niemals zulassen, dass Ärger, Wut, Frust oder Angst aus derart nichtigen Gründen das eigene Leben vergiften.

Nelson Mandela, der ehemalige Präsident von Südafrika hat es treffend so ausgedrückt: „Sich zu ärgern gleicht dem trinken von Gift und dann zu hoffen, es würde deine Feinde töten".

Dabei wäre alles so einfach.

Wir müssten nicht einmal mit Worten oder Taten reagieren, denn ganz einfach nicht mitmachen ist schon eine positive Entscheidung. Sich nicht hineinziehen lassen, auch auf die Gefahr hin, als Außenseiter gesehen zu werden. Denn die, die in ihrer Ruhe, Mitte oder Gelassenheit – wie immer man das bezeichnen mag – bleiben, sind die wahren Meister. Sie bewirken eine Deeskalation. Sie bewirken, dass es den Menschen wieder besser geht.

Genau das könnte doch eine wirklich lohnende Aufgabe für uns Senioren sein! Stellen Sie sich vor, wir würden gezielt für Deeskalation durch unsere eigene Ruhe und innere, positive Einstellung sorgen. Das kann man dann durch energetische Methoden, wie Ruheatmung und Herzkohärenz sowie bedingungslose Liebe noch verstärken, wenn man möchte. Das wäre eine wahrhaft sinnvolle Aufgabe für das Alter.

Wär' doch nicht so blöd, wenn man vom Einkaufen in richtig guter Stimmung und positiv aufgeladen nach Hause kommt, oder?

Neue Leute kommen in mein Leben

Meine Angst, ich würde einsam sein, niemanden mehr kennen lernen, wenn ich einmal in Pension und zu Hause bin, ist völlig unbegründet. Schritt für Schritt kommen neue und spannende Leute in mein Leben. Und das manchmal auf scheinbar wundersame Weise, denn würde ich mich auf die Suche nach ihnen machen, würde ich sie kaum mit dieser Treffsicherheit finden.

Nach einem Vortrag meldete sich ein Herr bei mir, dem mein Beitrag offensichtlich gefallen hat, und wir haben einen Termin beim ihm auf der Universität vereinbart, um gemeinsame Wege zu besprechen.

Heute habe ich eine Energetikerin getroffen, die ich in einem Damennetzwerk kennengelernt habe. Ihr Werdegang von der Naturwissenschaft und Technik über das Management bis zur selbständigen energetischen Praxis gleicht dem meinigen in erstaunlicher Art und Weise. Wie sich die Bilder unserer Erfahrung ähneln! Wir verabredeten uns zu einem näheren Kennenlernen. Es war, als würden wir uns seit ewigen Zeiten kennen, so viele Übereinstimmungen beflügelten uns.

Vor kurzem erhielt ich ein E-Mail, weil jemand eine Diplomarbeit über den Inhalt meines Buches schreibt. Wir haben uns für ein Interview verabredet. Während des Gespräches entdecken wir so viele Gemeinsamkeiten.

Neue Ausrichtung zieht wohl auch neue Leute an und für neue Bekanntschaften sind wir nie zu alt.

Wir feiern die Liebe

Wir haben Hochzeitstag. Wie oft ist er früher im Trubel des Berufslebens untergegangen, etwa, wenn er mitten in der Woche lag oder wir auf Dienstreisen waren. Heuer wollen wir ihn bewusst genießen, denn es ist schon ein großes Glück sich nach so vielen Jahren so wohl miteinander zu fühlen. Wir wollen also unsere Liebe feiern und unsere gemeinsame Entwicklung.

Seit unserem ersten Ehejahr schreibe ich jährlich eine Familienchronik mit Fotos und Erlebnissen. Inzwischen ist es bereits fast ein Buch geworden. Wie viel wir schon gemeinsam erlebt haben. Was für eine Entwicklung! Wie brav und angepasst wir in den ersten Jahren waren, geleitet von übernommenen Glaubenssätzen wie zum Beispiel: *Man macht das so oder so!* Wie viel authentischer wir jetzt sind. Und so viel freier.

Es ist schön, gemeinsam älter zu werden.

Natürlich gab es auch Zeiten, die nicht so lustig waren, wo wir uns aneinander gerieben haben, aber das gehört einfach zum Leben dazu. Die Frage ist immer nur, wie lange bleibe ich/bleiben wir in diesem Zustand und wie kommen wir bestmöglich da heraus? Wenn man zurückschaut, macht alles, auch solche Zeiten, einen Sinn.

Wir haben beschlossen, diesen Tag zu Hause zu verbringen und nicht wegzufahren. Was macht man also, wenn ein Tag zu Hause ganz anders sein soll als alle anderen Tage, die man sowieso schon gemeinsam verbringt? Für uns hieß das, ihn feierlicher und intensiver zu gestalten. Es braucht schon einiges an Kreativität, Einstimmung und Vorbereitung, sich auf den anderen einzustellen und sich etwas einfallen zu lassen, fast mehr als zu Weihnachten. Denn es geht uns nicht um Geschenke, sondern darum einen Tag zu gestalten, der nur uns beiden gehört. Und weil dieser Tag nur uns beiden gehört hat, will ich auch keine Details preisgeben, das muss schon jedes Paar für sich selbst entscheiden. In jedem Fall: Es lohnt sich, die Liebe zu feiern!

Meine energetische Praxis entwickelt sich

Meine energetische Praxis beginnt so zu laufen, wie ich es in meiner Intention definiert habe. Mehr und mehr Coaching-Klienten finden auf fast wundersame Art und Weise den Weg zu mir, ohne dass ich groß Akquisition betreibe. Es sind genau die Personen und Anliegen, die ich wirklich gerne habe. Hier kann ich die Kombination aus all der Erfahrung meines bisherigen Berufslebens mit den neuen Methoden der Energetik vereinen, die mir am meisten Freude machen und meinen Klienten zu einem fast spielerischen Neuerfassen und Lenken der Situationen verhelfen.

Die Grundlagen für meine neue Tätigkeit habe ich noch während meiner Berufszeit in meinem Buch BUSINESS ENERGETIK beschrieben, das letztes Jahr herausgekommen ist. Über dieses Buch und meine Artikel finden jetzt jene Personen zu mir, die diese Art zu arbeiten anspricht. Was noch entscheidender ist, diese Personen wollen neue Wege gehen und Ungewöhnliches ausprobieren. Jeder Termin ist wie ein unbeschriebenes Blatt. Es gibt keine vorgefertigten Konzepte, weil jede Situation ihre eigene Dynamik und Hintergründe hat, die durch erweitertes Bewusstsein und Intuition sehr klar herauskommen. Wohl aber gibt es natürlich ein umfangreiches Methodenset, mit dem man auf energetischer Ebene Muster lösen und neue Wege einleiten kann.

Auch die Arbeitsweise unterscheidet sich sehr von den strukturierten, ziel- und prozessorientierten Aufgaben, die bisher meinen Job ausgemacht haben. Es ist vielmehr wie ein Flow, in den man sich begibt und aus dem man mit mehr Energie herauskommt als man hineinsteckt. Offen sein für Neues. Für Überraschendes, Unkonventionelles. Das macht diese Arbeit so lebendig und aufregend. Trotzdem ist sie nicht abgehoben, denn es geht zum Beispiel um die Dynamiken bevorstehender Verhandlungen, neue Strategien, neue Kunden, überzogene Budgets, Konflikte, Vorbereitung auf Gerichtsverhandlungen, Krisensitzungen oder auch Erschöpfung und ganz persönliche Probleme im Team, mit Kollegen oder Chefs bis zur Vorbereitung auf eine Operation. Energetik lässt sich überall anwenden.

Es ist die Vielfalt und die Leichtigkeit, mit der ich diese Tätigkeit jetzt in meiner neuen Lebensphase machen kann, die mich begeistert. Diese Art von Arbeit ist so anders als alles Bisherige.

NOVEMBER

Es ist Halbzeit

Es ist erst ein halbes Jahr vergangen, seitdem ich meinen letzten Managementjob aufgegeben habe, und es fühlt sich bereits so an, als wäre es nie anders gewesen. So viel Positives ist passiert. So viel habe ich erlebt. Ehrlich, ich kann mir gar nicht mehr vorstellen, dass ich von 9 bis 19 Uhr (mindestens) täglich in einem Büro gearbeitet habe. Das brauche ich wirklich nicht mehr!

Hier ist mein erstes Resümee:

- Über allem steht: **Ich habe Zeit! Und ich alleine bin dafür verantwortlich, wie ich sie nutze!** Ich glaube, das ist der essentiellste Unterschied zu meinem bisherigen Leben. Zeit für mich, Zeit für meinen Mann, Zeit zum Reisen, Zeit für Sport, Zeit für Freunde, Zeit für Blödsinn, Zeit für meine neue Aufgabe und vieles mehr. Dabei ist es nicht so, dass ich nichts mache, ganz im Gegenteil, gerade in den letzten Wochen ist ziemlich viel los. Trotzdem: ICH alleine teile mir meine Zeit ganz individuell ein und schon das Gefühl, Zeit zu haben, ist grandios.
- **Die Initiative für alles, was immer ich erleben möchte, geht alleine von MIR aus!** Es liegt fast ausschließlich an mir, wie ich meine Zeit erlebe. Im Grunde passieren Dinge nur, oder zumindest überwiegend, wenn ich den ersten Schritt mache oder bewusst den Vorschlägen anderer folge. Das war früher definitiv anders. Da bestimmten

so viele Aufgaben und Zwänge von außen, die erledigt werden mussten, meinen Tagesplan. Heute weiß ich, dass sehr viel von meiner persönlichen Initiative abhängt.

- **Bei so viel Freiraum könnte ich mich verzetteln.** Ich habe so viel Freiraum, um meinen Tag und meine Woche zu gestalten, dass ich manchmal zwar vieles mache, im Nachhinein aber das Gefühl habe, die Zeit sei zerronnen, ohne, dass ich sie bewusst genossen habe. Also, auch die neue Freiheit braucht ein bisschen Planung und Struktur. Allerdings will die neue Freiheit nicht durchgeplant sein, weil das Sich-treiben-lassen eine neue Qualität ist. Dennoch habe ich mit dem Zulassen von Langeweile und Muße immer noch so meine Probleme.
- **Die viele gemeinsame Zeit lässt unsere Beziehung weiterwachsen.** Gemeinsame Zeit ist für mich das Um und Auf einer Beziehung. Heute machen wir mehr gemeinsame Ausflüge, gehen in Ausstellungen, diskutieren manchmal intensiv und tauschen uns beim morgendlichen Kaffee, dem gemütlichen Abendessen oder auch zwischendurch aus. Aus all dem entsteht eine neue Nähe und Liebe in unserer Beziehung.
- **Ich bin viel fitter!** Der Vormittag gehört mir! Meistens jedenfalls. Es ist meine Zeit, in der ich joggen gehe, schwimme oder Gymnastik mache, meditiere und genussvoll den Tag beginne.
- **Alte und neue Freundschaften sind intensiver**. Manche meiner alten Freundschaften erleben eine richtige Renaissance. Nachdem wir alle etwa gleich alt sind, haben auch sie mehr Zeit und Ruhe und wir treffen einander regel-

mäßig. Wir haben Studienfreunde getroffen, die wir sicherlich 30 Jahre und mehr kaum gesehen haben und lernen sie teilweise völlig neu kennen. Der Job ist vorbei, die Notwendigkeit, sich in irgendeiner Art zu profilieren ebenfalls, was jetzt zählt sind einzig und alleine die Fragen: „Was macht diese Person so interessant? Was macht sie aus?“ Durch unsere neuen Aufgaben kommen aber auch völlig neue Leute in unser Leben. Leute, die einen ganz anderen Werdegang hatten und mit denen sich teilweise eine Vertrautheit entwickelt, als würden wir sie ewig kennen.

- **Zeit für Urlaube und kleine Reisen sowie Ausflüge zwischendurch**. Urlaube haben jetzt einen ganz anderen Stellenwert und eine andere Bedeutung. Während sie früher auch der Entspannung dienen mussten, liegt jetzt das Hauptaugenmerk primär auf dem Erleben, der Abwechslung und dem Ortswechsel. Im Grunde ist Reisen nur mehr eine Frage des Geldes und der eigenen Kapazität, sich wieder auf Neues einzulassen.
- **Es gibt nichts Negatives**. Mir fällt nichts ein, was ich als negativ an meinem neuen Lebensabschnitt empfinde. Da ist nichts, was ich so vermisse, dass ich in mein altes Leben zurückgehen wollte. Ich bin mir bewusst, dass das nichts mit Schönfärberei zu tun hat, sondern damit, wie ich die Welt und mein Umfeld sehe. Denn diese Entscheidung liegt alleine bei mir.

Was alles in einer Woche Platz hat

Ein völlig neuer, flexibler Wochenrhythmus ist eingezogen. Immer noch bin ich erstaunt über die vielen neuen Möglichkeiten, die sich dadurch bieten.

Mittwoch. Es war die Idee einer Freundin, zu einer Matinee mit Klavierkonzert und Lesung zu gehen. Mir wäre das bisher nicht in den Sinn gekommen, aber kurz entschlossen gehe ich mit. Ich habe ja Zeit! Wir treffen uns an diesem schönen Mittwochmorgen in der Stadt. Im Konzerthaus angekommen, bin ich zuerst über das Gedränge vollkommen verblüfft. Der Saal ist bis auf den letzten Platz ausverkauft. Um 12:30 an einem Mittwoch! Unsere Plätze am Podium geben ein besonders erhabenes Gefühl, man ist irgendwie im Schaufenster, obwohl man keinen Beitrag leistet und hat einen Überblick über den ganzen Saal. Als mein Blick über die Menge schweift, sehe ich lauter weiße Köpfe. Die nicht-weißen sind wohl gefärbt, denn wir haben mit unseren knapp unter und über 60 Jahren den Schnitt noch ganz schön nach unten gebracht. Ich bin in einer neuen Welt angekommen.

Donnerstag. In Wien hängt dichter, grauer Nebel. Kurz entschlossen fahren wir von Wien weg und schon nach etwa einer Stunde strahlt die Sonne am Semmering. Ein Freund hat zufällig Zeit und wir besuchen ihn spontan für ein paar Tage. Ich war schon lange nicht mehr da und wir genießen diese unerwartete gemeinsame Zeit. Wieso machen wir das nicht öfter?

Freitag. Gemeinsam wandern wir auf den hohen Berg hinter dem Haus unseres Freundes. Der Steig auf den Gipfel ist eher steil und führt durch schöne Latschenfelder*. Der Rundblick vom Gipfel ist atemberaubend. Wir sind weit über der Baumgrenze und sehen Gletscher, Seen und sogar Teile des Flachlandes. Was für eine schöne Gegend! Vielleicht macht es die neu gewonnene Ruhe aus, die uns all diese Eindrücke intensiver erleben lässt.

Nach dem Ermessen unseres Freundes ist der Abstieg ein „gmiatlicher Weg". Für uns ist er dann weniger „gmiatlich", denn am Weg hinunter müssen wir einen Steilhang queren. Schon der Anblick alleine lässt meine Knie weich werden. Rechts geht es steil bergab. Der Steig ist gerade einmal so breit wie meine Füße nebeneinander. Meine Höhenangst meldet sich massiv! Zurückgehen ist allerdings auch keine Option – zu weit, zu spät! Manchmal im Leben kann man einfach nur weitergehen und, wie ich schon weiter vorne geschrieben habe, die Komfortzone verlassen. Mit voller Konzentration auf jeden Schritt und der emotionalen Aufmunterung unseres Freundes schaffe ich es dann problemlos. Jetzt bin ich mächtig stolz.

Sonntag: Wir sind zurück in Wien. Es ist wieder grau und feucht, das richtige Wetter, um zu Hause zu bleiben. Ich widme mich der Anfrage einer Kundin, die energetische Unterstützung bei einer Verhandlung braucht. Es wird ein arbeitsamer Tag, das Wetter ist ideal dafür. Nach dieser ereignisreichen Woche ist es schön auch am Wochenende zu arbeiten.

---

* Latsche: österreichisch für Bergkiefer

Konfrontiert mit dem Ende der Freiheit!

Meine Schwiegermutter (96) ist gestürzt und schlagartig hat sich unser Leben verändert. Bis zu diesem Tag hat sie alleine in ihrer Wohnung gelebt, sich selbst versorgt und mit geringfügiger Hilfe eigenständig gelebt. Das war der absolute Idealzustand für uns Kinder, denn abgesehen von ein paar Besorgungen und handwerklichen Hilfen, waren die regelmäßigen Besuche und kleinen Ausflüge unsere wichtigsten und fast immer fröhlichen Zusammentreffen mit ihr. Von vielen Freunden erfahren wir seit Jahren, wie sie die zunehmende Hilflosigkeit ihrer Eltern miterleben, die sowohl emotional als auch physisch sehr anstrengend sein kann.

Wir waren gerade mit dem Auto unterwegs, als wir die Nachricht vom Unfall bekamen. Offenbar hat sich meine Schwiegermutter an der Hüfte verletzt und ist im Krankenhaus. Sofort tauchen alte Erinnerungen auf, als mich vor vielen Jahren meine Mutter angerufen hat, auch damals war ich im Auto unterwegs, um mir mitzuteilen, dass meine Großmutter gestürtzt und während der Operation verstorben sei. Es hat mir damals den Boden unter den Füßen weggezogen! Es war das erste Mal, dass ich mit so einer Nachricht konfrontiert wurde.

Heute sind wir glücklicherweise gelassener und sehen aufgrund unserer Ausbildungen auch dem Tod mit mehr Frieden entgegen. Energetisch geschult, wissen wir, dass jeder Unfall „unbewusst motiviert“ ist, also eine Bedeutung hat, auch wenn er zum Beispiel nichts Anderes bewirken soll als eine Neuorientierung und das Einlenken einer neuen Phase. Wir sind trotzdem voll Traurigkeit und der Hoffnung, dass sie diese Verletzung gut überwindet. Gleichzeitig stellen sich unendlich viele Fragen wie es weitergehen wird. Was ist für uns jetzt zu tun?

Das war der Anfang der Geschichte. Inzwischen sind drei Wochen vergangen. Meine Schwiegermutter bekam statt der Operation eine Schmerztherapie und Remobilisation und soll kommenden Dienstag entlassen werden. Aber wohin entlassen? Wie organisieren wir in drei Tagen eine Bleibe? Einerseits finde ich es phänomenal, dass unser Sozialsystem auch bei 96-jährigen eine Remobilisation vorsieht, also Therapien, um wieder möglichst selbständig leben zu können. Andererseits trauen wir der Meinung der Ärzte, dass sie so bald wieder fit sein könnte, nicht ganz. Denn derzeit kann sie sich nicht einmal alleine aufsetzen, geschweige denn aufstehen. Durch diese Immobilität ist das Ende der Freiheit, ihrer Freiheit und bis zu einem gewissen Grad auch unserer, zum Greifen nahe oder sogar schon da.

Es liegt nun also an uns, ihren Kindern, für sie zu sorgen. All die notwendigen organisatorischen Entscheidungen sind neu für uns. So schnell bekommt man keinen Pflegeplatz und schon gar nicht einen finanzierbaren. Sie wird also wohl wieder in ihre Wohnung zurückkehren, mit etwas mehr Pflege als bisher. Diese Aussicht alleine rührt sie zu Freudentränen und motiviert sie unendlich: „Ich komme in meine geliebte Wohnung zurück!" So sehr wir dem skeptisch entgegensehen, für meine Schwiegermutter ist das nach Hause kommen wie ein Lebenselixier.

Wir organisieren alle notwendigen Hilfsmittel und sind zutiefst dankbar, dass wir das nicht neben einem Full-time Job machen müssen, sondern uns dem ganz widmen können. Außerdem sind wir wirklich froh, dass wir uns in der Familie so gut verstehen und gegenseitig unterstützen. Nicht auszudenken, wie es wäre, wenn wir entweder mit unserer Mutter respektive Schwiegermutter oder mit unseren Verwandten zerstritten oder zumindest auf Distanz wären. Genau in solchen Situationen zeigt sich, dass der Bereich LIEBE essentiell ist und über Jahre gepflegt werden muss.

Diese letzte Zeit in Unfreiheit ist kostspielig. Egal, was wir organisieren, bei jedem Stück, jedem Handgriff, jeder Hilfestellung rollt der Euro und die Pension meiner Schwiegermutter wird auf eine harte Probe gestellt.

All das gibt mir einen Einblick in das Ende der Freiheit, das ich bisher so hautnah noch nie miterlebt habe. Meine Eltern sind vergleichsweise früh verstorben und haben sich immer alles selbst organisiert. Außerdem tauchen Gedanken auf, wie das wohl einmal für mich und uns sein wird. Wie kann ich bestmöglich vorsorgen? Ganz besonders, wenn unser Sohn nicht, so wie wir im Fall meine Schwiegermutter, in nächster Umgebung lebt, sondern irgendwo im Ausland. Diesem Thema werde ich mich in der nächsten Zeit intensiver widmen.

Sind Engel unsere Helfer im Alter?

Für viele Kinder und manche Erwachsene ist es sonnenklar: Engel existieren. Wenn man mir vor 15 Jahren gesagt hätte, dass ich mit Engeln in Kontakt treten könnte, hätte ich das jedoch sofort und vehement abgelehnt. Mit den ätherischen Gestalten mit weißen Flügeln und Kleidchen komme ich überhaupt nicht in Resonanz, finde sie höchsten nett. Inzwischen habe ich allerdings erstaunliche Informationen gefunden, die ein durchaus sinnvolles Bild für mich ergeben, sodass auch ich der Meinung bin, dass es so etwas wie Engel gibt.

Begonnen hat meine Erfahrung mit Rupert Sheldrakes Buch *Engel, die kosmische Intelligenz*[31], in dem er gemeinsam mit einem Theologen die unglaublichen Übereinstimmungen zwischen Photonenfeldern und deren Eigenschaften mit den unterschiedlichen Engelsbeschreibungen im Alten und Neuen Testament vergleicht. Photonen sind Lichtquanten. Engel sind Lichtgestalten. Photonen sowie Engel sind immaterielle, stofflose Information, reine Energie. Diese Theorie führt auch Johannes Huber, ein bekannter, österreichischer Arzt und Theologe, in seinem Buch *Es Existiert – Warum wir an Selbstheilung, Schutzengel und die Aura glauben können*[32] noch weiter aus und kommt zu dem Schluss: „*Es beweist nicht, dass es Engel gibt, aber es beweist, dass es mit den Photonen, den Lichtquanten als Basis der elektromagnetischen Strahlung, etwas gibt, das man als Engel bezeichnen könnte. ... Als Botenteilchen vermitteln die Photonen der Materie die Wirkung der elektromagnetischen Kraft. Beide, sowohl Engel als auch Photonen, sind Boten des Universums, also himmlischer Herkunft.*“ Diese Bilder haben mir im wahrsten Sinne des Wortes erleuchtende Informationen geliefert.

Heute sehe ich Engel pragmatisch und finde sie immer wieder hilfreich. Die Art mit ihnen zu kommunizieren heißt, sich auf ihre Frequenz einzustellen. Das geht am einfachsten über einen Namen, der für eine besondere Qualität steht. Sich quasi „einzuwählen“, ganz ähnlich wie beim Radiohören. Es ist ein Unterschied, ob man klassisches Radio wählt oder einen Jazz-Sender, sie werden auf unterschiedlichen Frequenzen gesendet und es liegt an mir, eine Auswahl zu treffen.

Meine Schwiegermutter ist inzwischen eine Meisterin in der Kommunikation mit Engeln. Obwohl sie erst vor ganz wenigen Jahren damit in Kontakt kam (davor war ihrer Skepsis mehr als groß) lebt sie heute in intensivem Kontakt mit ihnen und erzählt immer wieder über deren unmittelbare Hilfe. Offensichtlich gelingt ihr das sehr gut, denn die Art und Weise, wie rasch sie sich auch körperlich nach ihrer Oberschenkenhalsfraktur erholt, ist beeindruckend. Was immer diese Hilfestellung bewirkt, es ist doch eine Erkenntnis, die wir alle mehr nützen könnten! Ganz speziell, wenn es darum geht, vital und glücklich alt zu werden.

Spiritualität ist eine wesentliche Qualität, die wir im Alter brauchen. Nur mit diesem Rückhalt können wir die Veränderungen gut und gelassen meistern. Der Kontakt zu Schutzengeln kann hier gut dazu gehören.

Wieder kurz in mein altes Berufsleben eintauchen

Ein ehemaliger Kollege hat mich eingeladen, an einer Technologiekonferenz der Europäischen Kommission teilzunehmen, in deren Kontext auch das Kick-off-Event der Vorzeigeregion Energie stattfindet. Mein letztes Projekt *New Energy For Industry* geht in die Phase der Realisierung. Natürlich wollte ich da dabei sein.

Die Konferenz ging über zwei Tage. Früher wären die viele Vorträge ein Pflichttermin für mich gewesen. Heute aber merke ich ein leises inneres *„Wozu?“* Es ist nicht mehr mein

Arbeitsgebiet, auch wenn das eine oder andere immer noch interessant ist. Also bin ich ganz gezielt nur zu den letzten Vorträgen und der Plenarsitzung gegangen.

Schon das Eintreten in das Konferenzzentrum ist so vertraut. Ich sehe etliche bekannte Gesichter; es beginnt ein gelassener Austausch von aktuellen Themen, Small Talk, und dann kommt die unvermeidliche Frage: „Was machst du jetzt?"

Während der Vorträge merke ich, wie meine Aufmerksamkeit immer wieder abweicht. Ich bin einfach nicht mehr mit voller Aufmerksamkeit dabei. Ich schreibe nicht mehr mit und vor allem emotional interessiert es mich nicht mehr. Ich bin selber über den Abstand, den ich bereits habe, erstaunt. Zu viele Schlagworte, Dinge, die wir schon seit Jahren, manche seit Jahrzehnten, diskutieren, sind immer noch da: alles geht zu langsam, zu wenig Engagament, zu teuer, zu bürokratisch. Im Grunde bin ich froh, nicht mehr Mitstreiter sein zu müssen. Also konzentriere ich mich auf mein neues Thema und beobachte die energetischen Interaktionen der Podiumsteilnehmer und der Teilnehmer im Saal.

In der Mittagspause treffe ich viele ehemalige Kollegen. Es ist echte Freude auf beiden Seiten. Die Standardfragen heißen: „Wie geht's Dir? Was machst du jetzt? Du siehst richtig gut aus – so entspannt!" „Mir geht es großartig, wirklich gut!" Ich beginne ein bisschen von meinem jetzigen Leben zu erzählen, bis ich merke, dass sie mir nicht wirklich folgen können, sondern nur höflich zuhören. Plötzlich wird mir sonnenklar, dass sie sich dieses Leben einfach nicht vorstellen können. Allein der Gedanke an so viel Freiheit ist für sie nicht zulässig, weil nicht realisierbar. Daher sind auch meine Erzählungen nicht nachvollziehbar und dementsprechend kein Thema. Es ist ja noch nicht so lange her, da ist es mir genauso ergangen. Die Freunde, die bereits in Pension waren und über all das geschwärmt haben, was sie jetzt machen und wie sie leben, haben mich im Grunde genervt. Es passte nicht in den Arbeitsalltag. Also höre ich auf zu schwärmen und höre ihnen mitfühlend zu, wie sie über ihre Sorgen und Themen sprechen. Ich kenne sie ja. Dabei stelle ich fest, dass ich zwar weiß, wovon die Rede ist, aber emotional bin auch ich nicht mehr dabei. Es belastet mich nicht mehr und das ist sehr gut so.

Das Kick-Off der Vorzeigeregion war ein wirklich schöner Event. Bei allen Teilnehmern und Verantwortlichen konnte man die Freude spüren, dass es jetzt, nach so langer Planung, an die Umsetzung geht. Es war eine der freudigsten Podiumsdiskussionen, die ich in den letzten Jahren gehört habe, und das hat sich im ganzen Saal ausgebreitet. Immer wieder bin ich fasziniert, was es ausmacht und wie ansteckend es ist, wenn einzelne Menschen Freude ausstrahlen. Ich bin zutiefst stolz zu sehen und zu hören, wie die Ideen, die wir seinerzeit aus dem Nichts kreiert haben, heute Form annehmen und selbständig werden. Es ist so, wie wenn man einem Kind im Zeitraffer zusieht, wenn es erwachsen und selbständig wird und auf der Basis, die man gelegt hat, eigene Wege findet. Sehr glücklich verlasse ich meine ehemalige Arbeitswelt und kehre wieder in meine neue Welt zurück.

Mit 91 um die halbe Welt reisen

Auf einer Reise mit dem Wohnmobil durch Kanada vor etwa dreizehn Jahren, lernten wir ein Ehepaar kennen, das einen wunderschönen, großzügigen Campingplatz betrieb. Schon der Empfang war voll Überraschungen. Der Besitzer kam uns entgegen und sagte auf Deutsch, mit starkem englischem Akzent: „Ihr seid aus Österreich? Dann könnt ihr den ganzen Platz für Euch haben.“ Wir verbrachten drei wundervolle Tage auf diesem riesigen Gelände, direkt am Meer. Dabei lernten wir diesen erstaunlichen Mann und seine Frau näher kennen. Er war Österreicher, der bereits 1952 ausgewandert ist. Damals war ich noch nicht einmal auf der Welt! Beruflich war er in der ganzen Welt unterwegs, bevor er und seine Frau sich dazu entschlossen haben, in der Pension diesen Campingplatz zu betreiben. Heute empfangen sie Menschen aus aller Welt und genießen es, sich ihre Gäste auszusuchen. Eine großartige Idee, so die Pension zu gestalten.

Seit wir ihn und seine Frau im Sommer 2006 kennen gelernt haben, kommen sie alle paar Jahre nach Wien, um ihre Verwandten zu besuchen. Und uns. Heuer meinte er: „Es ist schon ein großes Glück, Menschen zu treffen, die man zwei Jahre nicht sieht, mit denen man kaum Kontakt hat und dann trotzdem nahtlos anschließen kann und sich so darüber freut, zusammen zu sein.“

Der gestrige Abend beim Heurigen mit ihnen war einer der lustigsten der letzten Zeit. Unser Freund ist 91, seine Frau 70. Ich bin begeistert, wie gut er physisch und mental drauf ist. Immerhin, er fliegt von Vancouver nach Wien, etwa 13 Stunden Flugzeit, und er sagt, „Kein Problem, ich schlaf ja im Flugzeug!“ Was für ein positives Vorbild. Gemeinsam mit der Wirtin bildeten wir eine Oldies-Gruppe beim Heurigen und hatten enorm viel Spaß. Ein Herr vom Nebentisch bedankte sich beim Weggehen für die gute Unterhaltung. Schließlich waren wir es, die den Heurigen zugesperrt haben. Alter spielt keine Rolle, wenn man Spaß hat! Für mich ist unser Freund jedenfalls ein perfektes Beispiel, dass selbst große Reisen mit 91 noch genussvoll möglich sind.

DEZEMBER

Jazz – meine Reise in ein Neuland

Noch vor wenige Jahren hätte ich aus voller Überzeugung gesagt: „Jazz, das ist nichts für mich." Daher weiß ich nicht genau, wie es gekommen ist, dass Jazz mehr und mehr auf meiner Hitliste erschienen ist. Generell liebe ich Musik, klassische Musik und auch Pop oder Elektronik, und seit einigen Monaten hören wir mit wachsender Begeisterung Jazz im Radio. Das ist aber nichts dagegen, live dabei zu sein.

Freunde von uns haben mit Beginn ihrer Pension und nachdem die Kinder ausgezogen waren, einen Raum in ihrem Haus zu einem fast professionellen Musikraum umgebaut und bieten ihn jetzt jungen Musikern kostenlos als Probenraum an. Das ist eine sensationelle Win-Win Situation, denn diese jungen Musiker können jederzeit proben, und gleichzeitig bestätigt meine Freundin: „Wir haben so davon profitiert, denn wir sind umgeben von jungen Leuten, die bei uns ein- und ausgehen und uns immer wieder mit neuer Musik überraschen. Erst vor kurzem waren wir zu einem ihrer Konzerte eingeladen und können Anteil an ihrer Entwicklung nehmen." Das ist eine Form von Teilen und Beziehungspflege der ganz besonderen Art.

Gestern gab es bei ihnen eine Jam Session. Eine Gruppe junger Musiker trifft sich, jeder bringt etwas zum Essen und Trinken mit und der Hausherr serviert sein selbstgemachtes Bier. Dann setzen sich die ersten Musiker an ihre Instrumente: Schlagzeug, Bass, Gitarren, Saxophon, Trompete und

Klavier. Es gibt mehr Musiker als Zuhörer! Für mich, als Jazz-Neuling, war es großartig, mitten drin zu sein. Das Jazz-live-Erlebnis ist völlig anders als Musik aus dem Lautsprecher. So eine spielerische und trotzdem strukturierte Interaktion der Musiker. Es klingt mühelos, wie sie gemeinsam und abwechselnd ihre Parts haben.

Besonders fasziniert hat mich, wie sie aufeinander eingehen, sich gegenseitig Raum lassen, dass sie ihre Soli spielen können und sich dabei unterstützen. Im Gespräch mit den Musikern habe ich dann erfahren, wie strukturiert ihr Spiel im Grunde ist. Was für ein Vorbild für gelungene Zusammenarbeit! Da könnten sich viele Teams im Business ein Vorbild daran nehmen. Diese Musiker leben für die Musik, auch wenn es nicht immer ihr Hauptjob ist oder sein kann. Ich bin sehr begeistert und freue mich schon auf das nächste Mal.

Noch eine Erkenntnis hat uns überrascht: Wir sind keine Nachtschwärmer mehr und diese jungen Leute haben einen gänzlich anderen Biorhythmus. Vor 22 Uhr fängt man einfach nicht zu spielen an. Wir sind um etwa zwei Uhr morgens durch die verschneiten Straßen nach Hause gegangen, da war die Jam Session noch in vollem Gang. Am nächsten Tag waren wir ziemlich groggy. Tja, das sind wir nicht (mehr) gewöhnt. Das nächste Mal bin ich wieder dabei und nehme mir für den nächsten Tag einfach nichts vor.

Meine eigenen Jazz-Erkundungen gehen langsamer voran, machen mir aber sehr viel Spaß. Seit einigen Monaten nehme ich Klavierunterricht und lerne Harmonielehre, neue Anschlagtechnik und Improvisation. Alles Dinge, die für mich völliges Neuland darstellen. Statt Bach oder Mozart spiele ich jetzt Thelonious Monk oder Johnny Mercer. Jede

Stunde bei meinem Klavierlehrer bringt neue Facetten zum Vorschein, von einer neuen Tonleiter, Pentatonik, bis zu neuen Rhythmen. Das ist wirkliches Neuland für mich! Auf YouTube gibt es, ähnlich wie bei Karaoke, jede Menge Begleitungen und ich kann mir Schlagzeug und Bass, sowie ganze Bands ins Wohnzimmer holen, sodass das Klangerlebnis erstaunlich ist. Meine Suche nach Neuem und auch nach neuem Vergnügen findet hier einen großen Spielplatz.

Endlich eine ruhige Weihnachtszeit

Habe ich schon alle Geschenke? Für wen brauchen wir noch etwas? Was werden wir denn Mama, Schwester, Schwager, Nichte, Neffen – die Familie ist groß – heuer schenken? Es ist schon der 20. Dezember, wo bekommen wir noch die letzten Geschenke her? Diese Fragen waren früher kurz vor Weihnachten an der Tagesordnung. Im Job wurde es auch eng, denn so vieles musste bis zum Jahresende fertig werden. Man hat schließlich Ziele, die zu erfüllen sind und die wiederum wirken sich auf den Bonus aus, also sollten sie möglichst vollständig erledigt werden.

Weihnachtsfeiern! „Sehen wir uns noch vor Weihnachten?" Diese Frage hört man oft schon am 1. Dezember und es liegt eine Dringlichkeit in dieser Aufforderung, als ob danach alles anders wäre. Weihnachten ist eine Zäsur im Jahresablauf. Daher muss in den verschiedensten Gruppierungen davor noch gefeiert werden. In meinem Unternehmen war das vorweihnachtliche *Annual Meeting* verknüpft mit einem Jahresrückblick, bei dem man sich bestmöglich präsentieren musste, um Eigenmarketing zu betreiben. Also noch mehr Arbeit. Zusätzlich wollten wir auch noch in kleinerem Kreis der Kollegen so richtig feiern. Der Meditationskreis feierte, mit den Turnerinnen ging es zu einem gemeinsamen Essen, mit Freunden gab es ein Treffen am Christkindlmarkt und so weiter. Dieser ganze Feier-Cocktail ist einerseits schön, bedeutet aber, dass es kaum noch freie Abende gibt. Die oft besungene und zitierte „ruhigste Zeit im Jahr“ ist ganz weit weg.

Heuer ist es anders. Zum ersten Mal, seit langem. Der Advent ist tatsächlich ruhig und genussvoll. Die ersten Weihnachtsgeschenke hatten wir bereits im November besorgt, ein Traum, der bisher noch nie wahr geworden war. Auch die Päckchen nach Japan, an meine Schwester, sind bereits zwei Wochen vor Weihnachten und nicht erst zwei Tage danach angekommen. Auf der Suche nach guten Ideen durch die Innenstadt und das Internet zu streifen hat richtig Spaß gemacht. So vieles Nettes und Sinnvolles fällt einem plötzlich zu, wenn man diese Suche mit Muße angehen kann. Der Blick ist weiter und man sieht einfach mehr.

Der Höhepunkt aber war der Besuch der Adventfeier im Museum meines Mannes. Wie in einer Zeitmaschine habe ich mich in meine Kindheit zurückversetzt gefühlt: der verschneite Garten, die Adventlesungen mit meiner Familie. Wir sind damals tatsächlich jeden Adventsonntag zu Hause gesessen, haben Weihnachtslieder gesungen und Geschichten im Schein der Kerze oder Kerzen auf dem Adventkranz gelesen. Dazu gab es Punsch und Bratkartoffeln. Klingt wie aus einem Heimatroman, wenn ich das so schreibe, war aber genauso. Im Museum gab es eine Lesung des Museumsdirektors von besinnlichen und fröhlichen Geschichten über Weihnachten. Dazwischen hat ein Trio von Zitherspielerinnen im ganzen Saal musikalischen Zauber verbreitet, und die Zuhörer sind in diesem Zauber versunken. Nach diesem Konzert tranken wir bei Kälte und leichtem Schneefall Punsch am kleinen Christkindlmarkt im Schloss. Richtig romantisch! Hätte ich das in den letzten Jahren ebenso wahrgenommen und genossen? Ich bin ganz sicher, dass meine innere Ruhe, die ich in diesem ersten Pensionsjahr gewonnen habe, die Voraussetzung dafür ist, dass ich all das so genießen konnte.

Ich schaffe das!

Meine Schwiegermutter ist seit ein paar Wochen aus dem Krankenhaus wieder zu Hause und erholt sich erstaunlich schnell. Ein wichtiger Grund dafür ist ihre Vorfreude auf Weihnachten. „Ich will zu Weihnachten dabei sein: ich schaffe das!“ sagt sie immer wieder. Mit dieser Einstellung macht sie ihre täglichen Muskelübungen, übt Aufstehen und kleine Rundgänge in ihrer Wohnung und zeigt zunehmend mehr Lebensfreude. Mehrere Male war ich bei ihr, um nach ihren Wünschen alle Weihnachtsgeschenke zu verpacken und nach ihren Anweisungen die Lieblingsweihnachtskekse der Familie zu backen. Ihr Leben hat Sinn und Inhalt und sie akzeptiert völlig problemlos, dass sie jetzt mehr Unterstützung braucht. Vieles, was sie vor ein paar Wochen noch kategorisch abgelehnt hätte, wie zum Beispiel einen Rollstuhl oder jemanden, der für sie kocht, ist jetzt willkommen. So fährt sie mit ihrem neuen Rollstuhl alleine durch die Wohnung und kann sich (fast) frei bewegen. Was für eine Entwicklung mit 96! Wir sind stolz auf sie!

Die ruhige Weihnachtszeit ist vorbei

Noch Anfang Dezember habe ich davon geschwärmt, wie heuer alles anders ist. Also, damit ist es jetzt vorbei. Begonnen hat alles mit online Shopping, das ich erstmals so richtig ausgenutzt habe. Dann kam das Zittern: Kommen die Dinge noch rechtzeitig?

Heute ist der 22. Dezember und ein Paket, das wir Anfang Dezember in Berlin bestellt haben, ist endlich zum Abholen bei der Post, aber zwei andere Geschenke, die wir bereits im November bestellt haben, sind immer noch nicht da. Nach der Rückverfolgungsnummer sind sie bereits seit Wochen im Flugzeug von Hongkong zu uns unterwegs. Allein die Tatsache, dass dieser kleine Gegenstand aus Hongkong eingeflogen werden muss überrascht mich sehr, denn das war bei der Bestellung nicht ersichtlich und hätte ich wohl auch nicht gewollt. Auf meine Urgenz kam von der Firma keine Rückmeldung. Es scheint so, dass ich hier eine unfreiwillige Spende gegeben habe. Also muss ein neues Geschenk her und das kaufe ich persönlich in einem Geschäft. Hier ist er wieder, der vertraute Weihnachtsstress!

In jedem Fall habe ich gelernt, was unsere Kinder ganz selbstverständlich machen: Sie schauen sich die Bewertungen der Anbieter durch Kundenrezensionen und Erfahrungen im Detail an, bevor sie sich auf einen Kauf im Internet einlassen. Ich bin eine Erfahrung reicher und werde mich künftig viel besser informieren. Im Übrigen: das Paket ist schließlich Mitte Jänner plötzlich aufgetaucht.

Dankbarer Rückblick und Freude auf das neue Jahr

Es gibt viele Tage im Jahr, die einen wichtigen Stellenwert in meinem Leben haben, aber drei sind speziell: mein Geburtstag, Weihnachten und Silvester. So sind für mich die Monate Dezember und Jänner die Zeit des Feierns und des Aufbruchs. Silvester spielt dabei eine große Rolle. Schon als ich klein war, haben wir den Jahreswechsel in den Bergen intensiv gefeiert. Später haben wir mit Freunden sogar ganze Abendprogramme organisiert. Heuer feiern wir mit Freunden und genießen einen entspannten und fröhlichen Silvesterabend.

Silvester bedeutet für mich neben all den Feiern auch immer Rückblick. Rückblick auf die Highlights und wichtigen Erlebnisse des vergangenen Jahres. Deshalb schreibe ich seit fast 30 Jahren eine Familienchronik in Zeitungsform, in der ich alle wichtigen Themen des Jahres, gespickt mit Fotos, festhalte. In der diesjährigen Ausgabe wird wieder einmal, wie so oft, stehen: *Es war ein großartiges Jahr!* Noch vor einem Jahr hätte ich mir nicht vorstellen können, wie ich mich ohne regelmäßigen Job fühlen werde, und jetzt ist es so normal, als wäre es nie anders gewesen.

Silvester ist für mich auch die Zeit des Innehaltens. Ich mache mir bewusst, was alles dazu beiträgt, dass mein Leben schön ist. Es sind die Menschen um mich, insbesondere meine Familie und Freunde, die mich unterstützen und manchmal auch fordern. Ich bin dankbar, dass ich hier in Österreich leben kann, unter anderem auch, weil es eines der sichersten und stabilsten Länder ist. Ganz besonders aber freue ich mich darüber, dass ich in dieser spannenden Zeit lebe, in der so vieles Neues möglich wird und entsteht.

JÄNNER

Heute ist mein Geburtstag!

Kaum etwas erinnert einen so sehr ans Alter wie der Geburtstag, weil Jahr für Jahr eine Zahl damit verbunden ist. Kleine Kinder glauben oft, dass es genau der Tag ist, an dem sie einen Sprung machen und älter werden und damit auch plötzlich neue Privilegien bekommen. Die Tochter meiner Nichte sagte vor kurzem: „Morgen bin ich 6, da kann ich dann alleine schlafen gehen." Im Grunde ist es jetzt nicht anders, denn, wenn man das Pensionsalter erreicht hat, gibt es plötzlich neue Privilegien; und genau die entdecke ich derzeit.

Ich hatte nie Probleme mit meinem Geburtstag und dem Älterwerden, auch heute nicht. Ganz im Gegenteil, er war und ist immer *mein Tag,* der Tag im Jahr, der ganz mir gehört. Vom ersten Aufwachen an will ich diesen Tag genießen und feiern.

Außerdem habe ich überhaupt nicht das Gefühl, dass das Alter, das in meinem Pass zu lesen ist, etwas mit mir zu tun hat. Was bedeutet das schon? Vielmehr halte ich es mit dem treffenden Spruch *„Ich bin 44 mit 64 Jahren Erfahrung".* Und auf meine Erfahrungen bin ich richtig stolz. Also werde ich jetzt die Kerzen auf dem Geburtstagskuchen ausblasen und einen Wunsch für mein nächstes Jahr machen.

Neigung zum Stubenhocker?

Draußen ist es schön, aber kalt. Ich lungere in meinem Hausanzug wohlig warm auf der Couch herum und arbeite an meinen diversen Projekten.

Am Anfang meiner Aufzeichnungen habe ich geschrieben, dass man das Wetter kaum bemerkt, wenn man arbeitet, denn nach dem Weg ins Büro, parkt man das Wetter beim Portier und holt es vor dem Heimgehen erst wieder ab. Jetzt besteht die Gefahr, dass ich nicht einmal einen Schritt vor die Türe setze, selbst wenn die Sonne vom Himmel lacht. Ich habe die Wahl zu entscheiden, ob ich einerseits einfach alles laufen lasse oder mir doch einen Ruck gebe, um nicht vollends hier zu verkümmern, auch wenn es gerade so schön gemütlich ist.

Ich entscheide mich fürs Gemütliche und bleibe daheim.

Wir sind Schifahren ohne Schiurlaub

Schifahren von Wien aus? Nur für diesen einen Tag? Ist das nicht zu viel Aufwand? Normalerweise verbringen wir unseren Schiurlaub in den Alpen, in einem der großen Schigebiete, von denen es in Österreich ja zahlreiche gibt. Während das ganze Land in Schnee versinkt, ist es bei uns warm und trocken. Das macht die Entscheidung für den neuen Stubenhocker nicht einfacher.

Trotzdem, wir wollen erkunden, was unsere Umgebung zu bieten hat. Das nächste erreichbare Schigebiet liegt südlich von Wien und ist mit dem Auto in etwa 50 Minuten erreichbar. Den meisten Leuten ist dieses kleine Schigebiet unbekannt und auch wir waren hier noch nie Ski fahren. Es ist auch nur zu befahren, wenn es genug Schnee gibt, weil kein Kunstschnee eingesetzt wird. In Zeiten des Klimawandels ist das in unserer Region leider fast überall erforderlich geworden.

Nach fast einer Stunde Fahrt durch aperes, graues Land tauchen wir plötzlich und völlig übergangslos in ein *Winterwonderland* ein. Tief verschneite Bäume, wie aus dem Bilderbuch, von der Sonne angestrahlt, vor blauem Himmel mit tiefschwarzen Wolken, die uns später am Nachmittag noch etwas Schneefall bringen sollten. Kaum Leute, gute, schöne Pisten mit Pulverschnee – Herz, was willst du mehr? Es war zauberhaft, wenn auch ziemlich kalt. Dieses kleine Schigebiet ist ein Insidertipp und wird fast nur von Einheimischen besucht. Ich bin mir fast sicher, dass es hier am Wochenende richtig voll ist. Aber heute, am Montag, waren nur wenige Menschen da, die etwa unser Alter hatten, sowie einige Tourengeher. Wir hatten die Pisten sprichwörtlich für uns alleine.

Fazit: Wir brauchen nicht auf den nächsten Schiurlaub zu warten! Unsere nähere Umgebung hat so viel zu bieten! Ein Ein-Tagesausflug während der Woche zahlt sich in unserem neuen Leben einfach immer aus. Allerdings, das Heimfahren, wenn man so ausgefroren ist, im ganz normalen Montagsverkehr, quer durch die Stadt, ist dann schon eine Herausforderung. Ich bewundere meinen Mann, dass er nicht so müde ist wie ich.

Viel Zusammensein bedeutet noch lange nicht Nähe

Unlängst hatten mein Mann und ich eine philosophische Diskussion, was denn der Unterschied zwischen unserem jetzigen Alltag und etwa dem Urlaub in Norwegen sei. Weil wir beide unseren Alltagsmittelpunkt zu Hause haben, sind wir zwangsläufig viel zusammen. Und doch auch wieder nicht, denn im Grunde geht jeder seinem eigenen Programm nach. Mein Mann arbeitet im und für das Museum und ich habe meine Aufgaben. Ich bin zutiefst froh, dass sich unser Leben so schön eingespielt hat. Zwischendurch organisieren wir gemeinsam unseren Haushalt, gehen einkaufen und kochen oder unternehmen etwas.

Unser Gespräch hat ergeben, dass dieses liebevolle Miteinander und Nebeneinander zwar ausgesprochen angenehm ist, dass aber eines nicht automatisch entsteht: die Nähe, die wir auf unseren Urlauben erleben. Gemeinsam nur füreinander da sein. Gemeinsam Neues erleben und erkunden, das ist es, was zumindest uns das Gefühl von Nähe und Intimität bringt. Das passiert nicht einfach so im Alltag. Das geht nicht zwischen 5 und 6 Uhr am Nachmittag, weil wir da vielleicht beide gerade nichts vorhaben. Das baut sich über Stunden und Tage auf. Daher ist es auch jetzt, wo wir beide in Pension und praktisch permanent beisammen sind, ganz wichtig, Zeiten wie unseren Urlaub einzuplanen. Zeit nur für uns und sonst nichts. Egal, wo uns unser nächster Urlaub hinführt, es muss genug Zeit für Muße und Nähe geben.

Vital & glücklich alt werden: Wie gehen wir es an?

Der Verein für dynamische Persönlichkeitsentwicklung hat das Projekt *Miteinander von Ärzten, Psychotherapeuten und Energetikern* initiiert. Das Ziel ist es, die Kluft zwischen den Berufsgruppen zu schließen, indem Verständnis füreinander durch die Vermittlung der Kompetenzen angestrebt wird. Das ist eine bisher einzigartige Aktion und es hat mich von Anfang an gereizt, dabei zu sein. Nach einem ersten Symposium im letzten Frühjahr haben wir vier Arbeitsgruppen gegründet, die sich mit je einem Thema fast ein Jahr lang befassten.

Ich leite den Arbeitskreis *Wie werde ich vital & glücklich alt.* In meiner Gruppe sind Ärztinnen, eine Psychotherapeutin, eine Apothekerin, Energetikerinnen und ein Theologe, die alle dieses Thema intensiv beleuchten, mit dem Ziel, die Ergebnisse auf einem Symposium in diesem Frühling zu präsentieren. Weil so vieles davon auch für meine Reflexionen und Ausblicke auf die Art, wie wir den nächsten Lebensabschnitt gut leben, eine Rolle spielt, möchte ich einige Erkenntnisse aus diesem Arbeitskreis wiedergeben.

Sowohl gesellschaftlich als auch individuell, das Thema Alter lässt kaum jemanden unberührt, denn egal ob wir jung oder alt oder irgendwo dazwischen sind, es trifft uns alle. Zusätzlich haben wir alle Erfahrungen mit Eltern und Großeltern, eigene Erwartungen oder Ängste. Oder wir bekommen Erwartungen vorgesetzt, etwa durch Medienberichte über Pflegenotstände, steigende Überalterung, Demenz u.v.m. Manchmal bekommt man auch zu hören: „Früher war alles besser, da ist das Alter noch geehrt worden. Heute hingegen werden alte Menschen an den Rand gedrängt und nur mehr geduldet." Manche setzen Alter gleich mit Krankheit und Rückzug. Auf der anderen Seite ist immer schon von den *Weisen Alten* gesprochen worden, die enorme Lebenserfahrung haben und dafür Wertschätzung erfahren. Wir haben es definitiv mit multiplen Altersbildern zu tun, sowohl was die Gesellschaft darunter versteht als auch jeder Einzelne. Diese Bilder reichen vom *Leiden im Jammertal,* assoziiert mit Krankheit und Siechtum, bis zur *Krönung des Lebens* und der Rolle des oder der *Weisen Alten.*

Eine weitere Erkenntnis war, dass die drei Berufsgruppen Ärzte-Psychotherapeuten-Energetiker sowohl bei Prävention als auch bei Therapie sehr unterschiedlich wahrgenommen und eingesetzt werden.

Die schulmedizinische Unterstützung ist in unserer Gesellschaft voll integriert, enorm umfangreich, staatlich unterstützt und gefördert. Das Angebot in der Prävention, mit den regelmäßigen Kontrollen auf vielen Gebieten, ist gewaltig. Wie wir teilweise selber oder von Freunden und Verwandten erfahren haben, bringt die Reparatur von geschädigten Körperteilen und das Implantieren von Ersatzteilen, etwa bei Knien, Hüften, Augen oder Zähnen, neue Lebensqualität zurück. Die Schulmedizin unterstützt auch die Schmerzbehandlung und Stabilisierung des Stoffwechsels, sowie die medikamentöse Behandlung bei chronischen Krankheiten. Die Forschung geht in Richtung Anti-Aging, insbesondere im Bereich Stammzellen und Genetik sowie Robotik. Was da alles im Rahmen einerseits der Technik und andererseits der künstlichen, medizinischen Intelligenz auf uns zukommt, ist derzeit überhaupt noch nicht auszumalen. Die Entwicklung scheint darauf hinauszulaufen, dass wir bis hundert oder darüber hinaus voll einsatzfähig sind, um dann „gesund abzutreten“.

Dieses bisherige Angebot hat zweifelsfrei einen wesentlichen Beitrag zu unserer Lebensqualität geleistet und ist aus unserem Alters-Alltag nicht mehr wegzudenken. Ob alles davon notwendig, bezahlbar und zielführend ist, fand unsere Arbeitsgruppe zumindest fraglich. Aber macht es uns auch glücklich? Im Grunde zielt diese Art der Behandlung nur auf den rein physischen Erhalt der Körperfunktionen ab und lässt damit andere Einflussfaktoren unberührt.

Der Beitrag der Psychotherapie ist in unserer Gesellschaft noch viel weniger angekommen. Psychotherapeuten gehören heute in Krankenhäusern, etwa in der Geriatrie, zumeist zum behandelnden Team, ebenso in der Rehabilitation nach Herzproblemen oder Krebs. In der privaten Prävention jedoch findet die Psychotherapie kaum Einsatz. Wenn wir uns vor Augen halten, welchen überragenden Einfluss zum Beispiel die Qualität unserer Beziehungen auf die Gesundheit im Alter hat, sollte diese Hilfe viel öfter genützt werden.

Die Energetik ist oft die letzte Hoffnung für Patienten, die als austherapiert bezeichnet werden. Dorthin wendet man sich, wenn die Schulmedizin keine chemische, invasive oder manuelle Lösung mehr bereitstellen kann. Die Stärken der energetischen Begleitung liegen darin, hinter den materiellen Charakter der Symptome zu schauen und Veränderungen auf der energetischen Ebene zu suchen, die sich dann im Körper positiv auswirken. Nicht immer, aber sehr häufig lassen sich dadurch höchst überraschende, positive Ergebnisse erzielen. Energetische Behandlungen finden derzeit ausschließlich außerhalb des staatlichen Gesundheitssystems statt und werden privat finanziert. Mehr und mehr Menschen suchen jedoch genau diesen energetischen Weg auch zur persönlichen Entwicklung und sind zusätzlich bereit, einigen Aufwand an Seminaren oder Ausbildungen auf sich zu nehmen.

Sehr spannend fand ich, dass wir uns im Arbeitskreis alle einig waren, dass der Fokus auf das körperliche Funktionieren zu kurz greift, wenn es um das Gelingen eines vitalen und glücklichen Alters geht. Es ist die Gesamtheit unserer Einstellungen und Aktivitäten, ähnlich, wie ich es in meinen *5 Säulen* beschrieben habe, die hier maßgeblich ist. Genau das erfordert ein hohes Maß an Selbstverantwortung. Etwas, was uns kein noch so ausgeklügeltes System abnimmt.

Das Buch des Arztes und Theologen Johannes Huber *Es existiert* hat mich in diesem Zusammenhang sehr beeindruckt, da er einen ganzheitlichen Blick von Materie bis Spiritualität bietet und Hinweise darauf gibt, wie wir uns in Zukunft entwickeln werden. Er greift Themen auf, die bisher belächelt und in die esoterische Ecke verbannt wurden und erklärt sie von der wissenschaftlichen Seite her. In der Rezension heißt es: *Ausgehend von den neuen Erkenntnissen aus Quantenphysik, Epigenetik und Neurowissenschaft, kommt der Mediziner und Theologe Johannes Huber zu aufregenden Schlüssen, die uns eine faszinierende Ahnung geben von den zukünftigen Möglichkeiten des Menschen: Wir werden älter und fähig sein, uns selbst zu heilen, werden wortlos nur mit dem Herzen kommunizieren und mit dem Kosmos verbunden sein.*

Es gibt so vieles in uns zu entdecken, was vor Jahren noch völlig tabu gewesen wäre.

Wie gehen wir es an? Damit wir mehr in die praktische Gestaltung unseres Alters eintauchen, habe wir im Arbeitskreis folgende Fragen ausgearbeitet und uns selbstverständlich auch persönlich damit auseinandergesetzt.

- Was bedeutet für mich vital & glücklich alt werden?
- Wie soll meine 2. Halbzeit aussehen?
- Was ist mir besonders wichtig?
- Welches Bild geht mir als erstes durch den Kopf, wenn ich an Alter denke?
- Welche Erfahrung vom Älterwerden der Großeltern und Eltern habe ich erlebt oder erlebe ich gerade?
- An welche Dekade denke ich zuerst bei dem Begriff Alter: meine 60er, 70er, 80er, 90er oder 100 und mehr?
- Welche Emotionen verbinde ich mit dem Begriff Alter? Ist es ein angenehmes Gefühl? Oder etwas, an das man lieber gar nicht denkt? Oder etwas, das vielleicht sogar Angst macht?
- Gehen Sätze durch den Kopf wie: Das sind Abnützungserscheinungen, die gehören einfach dazu. Über 60 hat doch jeder eine Krankheit! Es wird alles schlechter!
- Wo sind Abzweigungen? Wieso werden manche Personen so großartig alt und strahlen noch mit über 90 Jahren und andere nicht?
- Wie gehe ich es an?
- Welche Unterstützung brauche ich?

All das prägt uns! All das macht unser persönliches Drehbuch aus, daher kann ich nur jedem empfehlen, sich selbst immer wieder mit diesen Fragen offen auseinanderzusetzen. Deshalb zitiere ich hier auch keine Antworten der Teammitglieder, denn sie sind so individuell wie wir alle.

Was wir von Hundertjährigen lernen können

In meinem Arbeitskreis haben wir recherchiert und zusammengestellt, was vitale und glückliche alte Menschen – ganz besonders Hundertjährige – gemeinsam haben. Hier ist die teilweise überraschende Liste:

- Sie sind Meister darin zu akzeptieren, was ist!
- Sie verschwenden keine Zeit auf Dinge und Themen, die sie nicht beeinflussen oder ändern können.
- Sie machen sich keine Gedanken darüber, was andere über sie denken oder sagen.
- Sie sind vollkommen authentisch und legen keinen großen Wert darauf, ob sie gemocht werden oder nicht.
- Sie verschwenden keine Energie darauf, die Erwartungen anderer zu erfüllen.
- Sie sehen das Glas immer zumindest halbvoll.
- Sie sind Meister des Loslassens und können und wollen sich immer wieder auf Neues einlassen.
- Sie leben in Gelassenheit, weil sie zulassen, was nicht ideal ist.
- Selbst im Mangel steckt für sie eine neue Chance.
- Sie leben und lieben aus tiefem, innerem Frieden und Herzenskraft.
- Sie genießen die kleinen Dinge des Lebens: Zeit, Natur, das Zusammensein mit Freunden u.v.m.
- Sie sind dankbar für alle Segnungen und akzeptieren zugleich die Herausforderungen des Lebens!

- Sie können selbst gut mit Schmerzen umgehen und nehmen sie als Lehrmeister an.

Allen gemeinsam ist, dass sie mit den körperlichen Veränderungen viel gelassener umgehen, als wir denken, und diese für das lebensfrohe Gefühl weniger ausschlaggebend sind. Ich kann diese Liste aus der Erfahrung mit meiner Großmutter, die 100 Jahre alt wurde, und meiner Schwiegermutter (inzwischen fast 97) nur voll bestätigen.

Wann und wie stellen wir die Weichen?

Die Weichen für die Art und Weise, wie wir unser Alter erleben, stellen wir schon sehr früh. In jedem Fall aber zu Beginn jenes Zeitraums, den wir 2. Halbzeit genannt haben, also irgendwann zwischen Mitte 40 und Mitte 50. Das ist ein hervorragender Zeitpunkt für eine Bestandsaufnahme und den Beginn der intensiven Beschäftigung mit uns selber, da die jugendlichen Erfordernisse und Lebensaufgaben bereits zu einem großen Teil erfüllt sind.

Ich glaube, es ist nie zu spät für eine Abzweigung, je früher wir sie jedoch wählen, um uns dieser Themen anzunehmen, desto glücklicher und vitaler wird die 2. Halbzeit. Davon bin ich vollkommen überzeugt.

Für mich hat genau dieser Weg sehr viel Positives gebracht. Wenn ich bedenke, wie viel schöner, leichter, fröhlicher und gesünder ich heute bin, also so viel besser als noch vor 10 oder 15 Jahren, dann waren meine Abzweigungen offensichtlich nicht so schlecht.

Ganz besonders fällt mir das auch bei meinem Mann auf. Er ist der zuversichtlichste und positivste Mensch, den ich in meinem Umfeld kenne. Das war nicht immer so. Anfang 50 gab es einen tiefen Einschnitt in sein Leben. Ein *Golden Handshake* von seinem damaligen Arbeitgeber war zwar eine gewisse Lebensbasis, aber das Gefühl, aus dem System gefallen zu sein, war nicht leicht zu verkraften. Auch nicht das Ungleichgewicht in unserer Familie. Während ich mich in meinem Job ausgepowert und damit die Familie erhalten habe, hat er sich auf die Suche nach sich selbst begeben. Und sich gefunden. Dass es ihm heute so gut geht, hat damals seinen Ausgang genommen. Wie so oft, wenn wir zurückschauen, zieht sich alles wie ein roter Faden durch unser Leben und selbst die Einschnitte hatten einen Sinn. Die Beschäftigung mit uns selber hat uns beiden den Weg zu unserer heutigen Lebensfreude eröffnet.

Allerdings muss man aufpassen, dass man diese Suche und Eigenschau mit Augenmaß macht und das Leben darüber nicht verliert. Ich kenne etliche Personen, die von einem Selbstfindungsseminar zum anderen touren, diese Angebote quasi konsumieren und völlig auf das Leben selbst vergessen. Darüber hinaus geben sie sich gar nicht die Zeit, all das Gelernte wirklich zu verdauen, wodurch alles an der Oberfläche bleibt. Theoretisch haben sie ein großes Wissen, aber in ihrem Leben ändert sich wenig.

Wir beide haben erkannt, wenn das Herz sagt: „Tu jetzt was!“ dann ist es gut dem nachzugehen und sich intensiv damit zu beschäftigen. Danach braucht man Zeit zum Verdauen, denn unser Unterbewusstsein benötigt mindestens drei Monate

Zeit für die Verankerung von neuen Einsichten und Verhalten. Und man braucht noch viel mehr Zeit, um das neue Leben dann auch zu genießen.

FEBRUAR

Gleich zwei Wochen Schifahren

Es ist kein Geheimnis, dass Schifahren zu meinen absoluten Lieblingsaktivitäten zählt. Immer schon, seit ich mich erinnern kann, ist es etwas Besonderes für mich. Daher freue ich mich sehr, dass wir dieses Jahr gleich zwei Wochen in die Berge fahren können. Dabei treffen wir auch unseren Neffen mit seiner Familie in Tirol. Sie haben die Semesterferien hier verbracht und sind jetzt am Weg zurück nach Wien. Die beiden Kinder wären so gerne noch hiergeblieben und der ältere (9) fragt mich eindringlich: „Wann kann ich in Pension gehen?“

Anfangs erwarten uns zuerst einmal zwei heftige Schneetage. Es schneit und schneit und schneit. Es ist wie im Bilderbuch: Draußen fallen große Flocken vom Himmel und man sieht kaum etwas. Wir gehen drei Stunden lang durch diesen Schneefall und lassen die ruhige Stille auf uns wirken. Teilweise sind wir auch in intensive, philosophische Diskussionen verstrickt. Zu Hause gibt es Tee mit Schuss zum Aufwärmen. Wir verkriechen uns mit einem Roman ins Bett. Draußen gehen dick vermummte Schifahrer vorbei. Nein, es ist nicht mehr notwendig, jede freie Minute auf der Piste zu sein.

Schließlich scheint wieder die Sonne und wir sind früh an der Lift-Kassa und kaufen Tickets mit dem Early Bird Bonus für Senioren. Ich kann mich nicht erinnern, wann ich das letzte Mal so früh losgezogen bin. Es ist so schön, dass wir beim Schifahren an die Grenzen unserer Kondition kommen.

Früher hätten wir nicht einmal an zwei Wochen Schiurlaub denken können, schon gar nicht mit einem schulpflichtigen Kind. Diese zwei Wochen Schiurlaub am Stück scheinen fast wie ein Jungbrunnen. Die Mischung aus Landschaft, Sport, Natur und Gemeinsamkeit ist für uns ein Vergnügen für Körper, Geist und Seele.

Meine innere Ruhe ist bereits sichtbar

Regelmäßig treffe ich mich mit meinen Freundinnen zu einem Damenabend. Entstanden ist diese Runde während unserer gemeinsamen Arbeit. Wir waren Kolleginnen, wobei ich mit Abstand die Älteste bin. Dann haben wir uns mehr als zehn Jahre lang völlig aus den Augen verloren, während sich jede ihrer Karriere und Familie widmete. Das Wiederfinden kam ganz zufällig zustande, zuerst etwas zaghaft, doch heute ist es eine tiefe, innige Freundschaft. Unsere unterschiedlichen Charaktere, Erfahrungen und liebevolle Wertschätzung sind es, welche unsere Abende so spannend machen.

Gestern war wieder so ein Damenabend. Es war Freitagabend und alle kamen nach einer offensichtlich langen Arbeitswoche zu unserem Treffen im vereinbarten Restaurant. Die Spuren der Anstrengungen der Arbeitswoche waren ihnen zum Teil deutlich an ihren müden Augen und ihrer Erschöpfung anzusehen. Aber es gab auch die Freude über das gemeinsame Zusammensein. Ich wurde mir wieder meiner inneren Ruhe und Gelassenheit, die ich in diesem Jahr gewonnen haben, so richtig bewusst. Auch die Komplimente: „Du schaust so gut aus! So entspannt! So ruhig!“ spiegelten mir meine Veränderung wider.

Ich kann mich immer noch gut hineinfühlen, wie es vor einem knappen Jahr war oder davor. Ich kenne dieses Gefühl des Ausgepowert-Seins nur zu gut. Heute sitze ich hier und die Ruhe in mir ist offensichtlich weit über mich hinaus spürbar. Ich lasse sie reden, kann zuhören, muss nicht gleich meine eigenen Erlebnisse ausschütten, sondern warte auf den richtigen Zeitpunkt. Meine Güte, es fühlt sich so gut an. Langsam, schön langsam kann ich in dieser Verfassung auch die anderen zu ihrer Ruhe bringen, ohne Worte, einfach nur durch mein Da-Sein. Als wir dann nach Hause gehen, leuchten auch ihre Augen wieder.

MÄRZ

Die Dichte an Information ist überwältigend

Kurz bevor ich aus meiner Firma ausgeschieden bin, fragte ich mich fast panisch, wo ich in Zukunft Ideen, Inspiration und Informationen herbekommen würde. Wie falsch ich doch damals gedacht habe. Heute ist es so, dass ich fast zu viel davon bekomme.

Gerade im Bereich Energetik und Bewusstsein tut sich gerade weltweit so viel, dass es eine Herausforderung ist, mitzuhalten. Es gibt jede Menge - auch kostenlose - Veranstaltungen, sodass man geradezu in Information versinken könnte. Einiges davon ist richtig spannend, anderes kenne ich bereits. Das Angebot im Internet ist so groß, dass es beinahe zur Sucht werden könnte, von einem zum anderen zu surfen. Dabei frage ich mich manchmal, was ich mit diesen vielen Anregungen machen soll. Wenn ich mir die Zeit nicht nehme, sie für mich selber anzuwenden, auszuprobieren und Erfahrung etwa mit neuen Methoden zu bekommen, ist es im Grunde völlig unnötiges, brachliegendes Wissen. Wissen und Zuhören alleine ist zu wenig. Es geht immer nur ums Umsetzen.

Derzeit höre ich an drei Abenden die Vorträge eines Kongresses. Zuerst dachte ich beim Wort Kongress, dass es sich um die Übertragung eines tatsächlichen Treffens irgendwo in der Welt handelte. Aber weit gefehlt, alle Vorträge waren Videoaufzeichnungen und selbst die Podiumsdiskussion wurde über virtuelle Meeting-Rooms geführt, in denen man ständig Fragen posten konnte. Ich bin also von zu Hause aus live dabei. Unsere Zeit ist genial.

Das konnte ich schon immer

Vor kurzem habe ich eine Kollegin getroffen und wir haben uns gegenseitig die übliche Frage gestellt: „Und, was machst du jetzt?" Auch sie ist nach einem technischen Studium und einer Businesskarriere in der Energetik gelandet. Sie meinte, dass sie bereits als Kind die Fähigkeit hatte, Feinstoffliches wahrzunehmen, aber niemand hat sie damals darin unterstützt. Ganz im Gegenteil, immer mehr wurde sie davon abgehalten. Sie meinte auch, dass das, was uns im Innersten ausmacht, unsere Talente und Fähigkeiten, sich oft schon im frühen Kindesalter zeigt. Kinder bis zum Alter von sechs Jahren haben eine andere Verteilung von Gehirnströmen als Erwachsene im Alltag und sind daher viel feinfühliger. Manche können ganz natürlich Aura sehen. Ich habe keine Erinnerung daran und hatte nie das Gefühl, als Kind besonders übersinnlich gewesen zu sein.

Doch dann, als wir länger darüber plauderten, fiel mir plötzlich ein: Ich habe als Kind – ich muss damals etwa fünf gewesen sein – mein ganz eigenes Spiel entwickelt. Dafür habe ich niemanden und nichts gebraucht, außer einen Sack Kronenkorken, die ich mit Liebe in der Firma meines Vaters ausgesucht hatte. Kronenkorken, das sind die Flaschenverschlüsse mit gewelltem Rand für Bierflaschen oder sonstige Getränke. Für mich waren diese goldenen, silbernen, bunten Kronenkorken wie kleine Juwelen, die ich fein gehütet habe, um damit ganze Szenen zu spielen. Da gab es die Szenen, wo die Kronenkorken meine Familienmitglieder und

Freunde repräsentierten, oder Szenen von Königen, Prinzessinnen und vielen anderen Personen, die etwas miteinander erlebten. Stundenlang konnte ich mich damit in meine ganz eigene Welt versetzen.

Mit meinem heutigen Wissen würde ich sagen, ich habe damals bereits eine Art Systemische Aufstellung gemacht; das ist eine Methode, um Dynamiken und Beziehungen innerhalb eines bestehenden Systems sichtbar zu machen.

Über diese Erkenntnis bin ich total verblüfft, denn es entspricht genau der Methodik, die ich heute sehr gerne anwende, wenn es darum geht herauszufinden, wer wo in einer bestimmten Situation steht und wie man diese am besten zum Positiven führen kann. Offensichtlich konnte ich das immer schon! Diese Erkenntnis gibt mir auch ein starkes und gutes Gefühl, dass das, was ich jetzt mache und wie ich es mache, total authentisch ist. Dieses Talent gehört sozusagen immer schon zu mir.

Wir bleiben in Kontakt

Bei der Vorbereitung eines Workshops habe ich mich entschieden, statt einer normalen Aussendung persönliche E-Mails an all jene zu versenden, mit denen ich gerne in Kontakt bleiben möchte. Also schrieb ich über hundert E-Mails, persönlich an jeden Einzelnen adressiert. Im Sinne von Effizienz kann man das nicht rechtfertigen, aber genau das ist die Qualität, die ich mir in meiner Arbeit jetzt gönne.

Ich war ehrlich erstaunt und begeistert über die Reaktionen. Mindestens drei Viertel der kontaktierten Personen haben mir innerhalb kürzester Zeit zurückgeschrieben und viele mit persönlichen Details. Daraus haben sich inzwischen mehrere Termine ergeben. Wir werden uns innerhalb des nächsten Monats treffen und unsere Freundschaft beziehungsweise Bekanntschaft auffrischen.

Diese Erfahrung ist für mich ein gutes Beispiel, wie wichtig und schön es ist, persönlich in Kontakt zu bleiben. Wenn man im Job steht und kaum Zeit für das Nötigste findet, hat man selten die Möglichkeit die vielen Beziehungen auch noch aktiv zu pflegen. Aber ich kann das jetzt und es zeigt mir, dass fast alle wirklich erfreut sind, wenn jemand die Initiative übernimmt.

APRIL

Alleine verreisen - Wann, wenn nicht jetzt?

"Konnichi-wa! Irasshaimase! Welcome on board!" Schon beim Boarding des ANA Fluges nach Tokio bin ich in einer anderen Welt. Wie in Japan üblich, steht ein junger Mann beim Eingang und begrüßt lautstark jeden einzelnen Passagier. Jetzt geht es los, auf eine Reise, wie ich sie noch nie gemacht habe. Kein eigentlicher Urlaub, da würde ich ja mit meinem Mann gemeinsam fahren. Kein Business Trip. Eine Reise ganz für mich alleine, zu meiner Schwester, nur zum Plaudern, und das zur Kirschblütenzeit.

Vor ein paar Monaten habe ich beschlossen, dass jetzt genau der richtige Zeitpunkt für diese Reise ist. Ich habe die Zeit, die Möglichkeit und Freude dazu. Also wann, wenn nicht jetzt? Es ist eine völlig andere und für mich neue Art zu verreisen. Mein Ziel ist nicht, viele Sehenswürdigkeiten abzuklappern, sondern einfach nur dort zu sein und den Alltag mitzuerleben. Familie zu erleben. Das kann man wohl nur, wenn man so viel Zeit und Muße hat wie ich jetzt. Früher habe ich mit meinen Urlaubstagen gegeizt. Gegen Reisetage konnte man nicht viel machen, aber man konnte sie günstig legen, etwa beginnend mit Freitagnachmittag, direkt nach dem Job. Aber der Rest der Zeit war ziemlich gut durchgeplant, damit wir auch wirklich vieles sehen und erleben konnten. Diesmal ist das ganz anders. Ich habe Zeit. Diese Reise ist purer Luxus für mein Herz.

Inzwischen sind 14 Tage vergangen und ich bin heute wieder zu Hause gelandet. Alles war genauso, wie ich es mir erhofft und vorgestellt hatte, und auf eine besondere Art sogar noch besser. Ich konnte richtig in den Alltag in Japan eintauchen und habe so die vielen subtilen und manchmal natürlich auch offensichtlichen Unterschiede wahrgenommen. Diesmal ist mir Japan noch viel fortschrittlicher und eleganter vorgekommen als je zuvor. Die Autos sind viel größer geworden und haben einen eigenen Stil, den wir hier in Europa nicht kennen. Außerdem dürfen Autos nicht am Fahrbahnrand stehen, sondern nur auf eigenen Parkplätzen, wodurch die Straßen einen ganz anderen Eindruck machen.

Was mich vollends wieder begeisterte, ist die Freundlichkeit. Überall bemüht man sich um die Besucher. Viel mehr Leute als früher sprechen zumindest etwas English. Die Aufschriften sind meistens zweisprachig, sodass ich auch bei meinem Ausflug alleine in die Innenstadt von Tokio keinerlei Probleme hatte. Die Kirschblüten schienen auf mich gewartet zu haben, denn sie waren in absoluter Hochblüte. Wie ein Meer von rosa-weißen Wolken zogen sie sich durch ganz Tokio. Kein Wunder, dass alle davon so begeistert sind. Es gäbe noch jede Menge neuer Beobachtungen zu berichten, aber hier ist nicht der richtige Ort für einen Reisebericht.

Am besten aber waren meine langen Gespräche mit meiner Schwester. Auch wenn wir häufig miteinander über Skype plaudern, die wirklich interessanten Themen kommen nur durch intensives Zusammensein zustande. Für eine intensive persönliche Diskussion muss der Zeitpunkt stimmen und manchmal ein Auslöser von außen kommen. Es ist erstaunlich, dass wir uns so nahestehen, obwohl wir so viele

Jahre so weit voneinander gelebt haben. Auch unsere familiären Prägungen kommen jetzt stärker zum Vorschein. Wir werden uns immer ähnlicher!

Memoiren: Wer bin ich und was macht mich aus?

Vor einiger Zeit hat meine Schwester angefangen, ihre Memoiren zu schreiben, um ihren Enkeln die europäische Familiengeschichte zugänglich zu machen. Als sie in Pension gegangen ist, hat sie damit begonnen, Dokumente und Informationen über unsere Familie ab dem Jahr 1900 zusammenzustellen. Als Historikerin liegt ihr diese Arbeit. Besonders interessierten sie die Zusammenhänge zwischen Familiengeschichte und Zeitgeschichte. Wir haben noch viele Dokumente unserer Großeltern und Eltern, wie Zeugnisse, Verträge, Tagebücher, Briefe und natürlich Fotos. All das liegt in Schachteln und Ordnern und kommt durch ihre Arbeit zu neuen Ehren. Ihre eigenen Erlebnisse aus der Kindheit, schulische Erlebnisse, Postkarten, Briefe und besonders viele Reiseeindrücke, die meine Schwester damals minutiös festgehalten hat, sind ebenso Basis für ihre Memoiren.

Für sie ist jetzt schon alleine der Prozess, die Familiengeschichte sowie ihre eigene Geschichte aufzuzeichnen, unglaublich aufschlussreich. Je mehr sie schreibt, desto mehr wird ihr klar, dass es eine Art Bestandsaufnahme für sie selber ist, das Erkennen: *Was macht mich aus?* Dieser Rückblick zeigt nicht nur den Roten Faden durch das eigene Leben, sondern auch all das, was wir von unseren Eltern und Vorfahren übernommen haben. Sie sagt: „Die gesamte Familiengeschichte kommt in mir zusammen und macht mich aus. Darauf aufbauend, habe ich dann meinen eigenen Weg gefunden und bin ihn gegangen. Aber Grundzüge unserer Familie und meiner eigenen Kindheit kann ich immer noch erkennen. Interessant waren auch die Weichen, die ich gestellt habe. Manche davon habe ich nicht einmal richtig wahrgenommen, andere sind mir stärker bewusst geworden. Das hat alles einen großen Wert in meinem heutigen Leben."

Memoiren zu schreiben führt dazu, in sich zu schauen. Von der ursprünglichen Idee, die Familiengeschichte primär für die Enkel aufzuschreiben, hat sich die Arbeit an den Memoiren zu einer tiefen Selbsterkenntnis entwickelt. Das ist mehr als nur Fotos zu sammeln und zu beschriften. Es ist der Akt des Schreibens und Reflektierens, der zählt und viele Erkenntnisse ermöglicht.

Wie ich schon im Kapitel *Das konnte ich schon immer* geschrieben habe, sind manche Anlagen bereits in der Kindheit zu erkennen. Im Fall meiner Schwester konnte man sehen, dass schon ihre sehr frühen Zeichnungen mit den vielen und exakten Details ihre Handschrift tragen. *„So bin ich immer noch,"* meinte sie.

Durch das Schreiben ihrer Memoiren hat sie erkannt, wie stark die Konstellation unserer Familie uns geprägt hat und uns ausmacht. Es ist aber auch wichtig zu wissen, dass wir dort nicht stehen bleiben, sondern dass dies nur ein Sprungbrett war. Diese Arbeit gibt uns auch die Möglichkeit, das Bild der Eltern vielleicht in neuem Licht zu sehen, manches zu revidieren und vielleicht in einzelnen Bereichen auch Abbitte zu leisten oder zu vergeben. All das sind wertvolle Prozesse auf unserem eigenen Weg, ganz besonders in dieser Lebensphase.

Ich bin meiner Schwester für ihre Arbeit sehr dankbar, denn es ist ja auch meine Familiengeschichte, die sie so ausführlich beschreibt. Fast alles davon ist mir ja bekannt, und trotzdem sind verschiedene Zusammenhänge neu für mich und augenöffnend. Ich glaube nicht, dass ich meine eigenen Memoiren schreiben werde, auch wenn ich von der Idee an sich überzeugt bin. Ich mache das auf meine Weise, zum Beispiel mit diesem Buch. Jeder muss seinen persönlichen Weg finden, das zu reflektieren, was ihn ausmacht und daraus Erkenntnisse über sich selbst zu gewinnen und auch auf vieles stolz zu sein.

Beziehungen - keinen Sand ins Getriebe lassen!

Mehr und mehr höre oder sehe ich bei Paaren in meinem Alter, dass sie sich wegen offensichtlicher Nebensächlichkeiten den gemeinsamen Tag verderben. Erwartungen werden nicht eingehalten, Vorwürfe für absolute Kleinigkeiten sind an der Tagesordnung: „Hast du nicht zugehört? Ich hab's dir doch schon zweimal gesagt!" Manches Mal schaukeln sich diese Mini-Konflikte zu regelrechten Wellen auf, bei denen niemand mehr weiß, wie man da gut aussteigen kann. Es geht um Alltägliches, um Abgrenzungen, um Gewohnheiten, während andererseits große Dinge fast problemlos gemeinsam gemeistert werden, weil man ja schon jahrzehntelange Erfahrung hat.

Es tut mir wirklich leid, wenn ich da zuhören muss oder Zeuge solcher Diskurse werde, denn seit über zehn Jahren befasse ich mich mit den emotionalen Triggern und Emotionaler Balance und weiß um die zerstörerische Kraft von Emotionen. Dieses „Herumgebeiße" macht auf lange Sicht krank, so viel ist sicher. Daher ist es schon aus zwei Gründen notwendig, einen neuen Weg zu finden: erstens, um selber gesund zu bleiben, und zweitens, um einen fröhlichen und erfreulichen gemeinsamen Alltag zu erleben.

Wieso bekommt das Thema gerade im Alter so eine Wichtigkeit? Jedes Paar hat seine eigene, ganz persönliche Geschichte und Entwicklung in der Art miteinander umzugehen. Gemeinsam ist uns jedoch, dass wir während der Arbeits- und Kinderzeit darauf gepolt waren, gut zu funktionieren. Organisiert sein! Abwickeln! All das war Tagesordnungspunkt Nummer eins. Alles andere kam danach oder wurde beiseitegeschoben. Jetzt aber haben Paare Zeit und Raum – und zwar viel!

Die Kinder sind aus dem Haus, der Job bietet keine ausreichende Ablenkung mehr, deshalb kommen die persönlichen Eigenheiten mit unglaublicher Vehemenz an die Oberfläche. Er oder sie habe sich so verändert, heißt es dann. Vielleicht ist es so. Aber das ist nicht der springende Punkt. Es geht schlicht darum, sich als Paar in einem neuen Lebensabschnitt neu zu erfinden. Ich habe Zeit für dich! Was wollen wir gemeinsam erleben? Wie wollen wir das erleben? Wie kann ich dich bestmöglich darin unterstützen? Wie auf dich eingehen? Ich bin zutiefst überzeugt, dass diese neue Aufgabe eine der wichtigsten im Leben ist.

In unserer Verbindung haben mein Mann und ich das Gefühl, unser Zusammensein wird jeden Tag schöner. Wir haben uns aber auch jahrelang - manchmal aufwendig - unseren emotionalen Triggern und Wünschen gestellt und fegen immer wieder liebevoll den Sand aus dem Getriebe. Das kann ich allen nur empfehlen.

Neues ausprobieren, das glücklich macht

Durchs Reden kommen d´Leut zam! heißt es in Wien. Durchs Reden kommt man auch auf ganz tolle neue Ideen. Freunde haben bei uns in Wien einen Zwischenstopp auf ihrer Reise in den Norden gemacht. Auch sie genießen ihre neue Lebensphase mit langen, außergewöhnlichen Reisen. Wieder einmal haben wir uns ausgetauscht: „Und was macht ihr jetzt?“

Unser Freund ist ständig begierig, Neues zu erleben und neue Einblicke in unterschiedlichste Bereiche zu bekommen. Er sagt „Was immer ich jetzt mache, muss mich glücklich machen“. Das strahlt er auch aus. Und so berichtet er uns über seine letzten Erlebnisse.

Er liebt Sportveranstaltungen, er liebt Großevents und Menschen. Also sucht er sich Volontier-Jobs aus, die ihn direkt ins Zentrum des Geschehens bringen. Einmal hat er Programme bei einem Volleyballspiel verkauft; ein anderes Mal war er Teil der Crew im Begleitboot einer Segelregatta. Bei einem jährlichen Biathlon Event ist er schon zum Administrator, der die Schüsse registriert, aufgestiegen, weil er bereits seit einigen Jahren dabei ist. Wichtig ist, so meint er, dass man sich genau das aussucht, was man wirklich gerne macht. Und erklärt weiter: „Es ist der Vorteil unseres Alters, dass wir nicht jeden Job nehmen müssen, der sich bietet. Denn es geht nicht primär ums Verdienen, es geht ums Erleben und Erfahren. Hinter die Kulissen schauen zu dürfen und sich dabei selber in neuen Situationen auszuprobieren.“

Genau das schwebt mir auch schon seit einiger Zeit vor, aber ich habe bisher den Zugang noch nicht gefunden. Jetzt aber werde ich auf die Suche gehen, was ich wo gerne erleben möchte. Einen Termin habe ich bereits reserviert: Nächstes Jahr im Jänner werden wir uns gemeinsam um Jobs bei einem Schiweltcuprennen bemühen. Für eine begeisterte Schifahrerin und leidenschaftliche Zuschauerin des Schiweltcups wie mich, ist das ein verlockendes Angebot. Einmal richtig dabei sein! Das fällt genau in meine Säule „Vergnügen & Neues", jene Kategorie, die ich gerne noch etwas ausbauen möchte.

Es ist mir klar, dass diese Beispiele vielleicht eine gewisse privilegierte Situation beschreiben. Nicht jeder Pensionist hat die Möglichkeit, in seiner Pension nur für sein Vergnügen zu arbeiten. Ich höre und lese von mehr und mehr Personen, dass es für sie notwendig ist, zusätzlich Geld zu verdienen. Dass die Auswahl dann nicht nur von Vorlieben und Neugierde geprägt ist, liegt auf der Hand. Es ist aber leichter, auch diese Arbeit zu ertragen, wenn man, entsprechend Viktor Frankl, auch darin einen Sinn findet. Denn unsere innere Einstellung und unsere Haltung dazu können wir ganz bewusst wählen, auch wenn wir die Situation nicht ändern können.

Bei all meiner Neugierde und Freude auf neue Erfahrungen und Jobs werde ich jedoch ganz besonders im Auge behalten, dass ich mit meinen Tätigkeiten jungen Menschen, die diesen Verdienst unbedingt brauchen, nicht im Wege stehe.

Mein neuer Lebensabschnitt hat gerade erst begonnen

30. April. Ein reiches Jahr mit vielen Erlebnissen, neuen Eindrücken und freudiger Aufbruchsstimmung liegt hinter mir.

Das anfängliche Urlaubsgefühl ist verschwunden und hat einem neuen Alltag Platz gemacht. Vieles ist so geworden, wie ich es mir vorgestellt habe, einiges hat mich auch überrascht.

Gestern bin ich wieder einmal mit dem Rad in die Stadt gefahren, um mich mit Freunden zu einem Frühstück zu treffen, halb Arbeitsmeeting, halb Freundschaftstreffen. Während ich mit dem Rad über die Ringstraße fuhr, wurde mir bewusst, dass ich mir gar nicht mehr vorstellen kann, wieder in einer festen Zeitmaschine, im Halbinternat, zu stecken. Die absolut freie Wahl zu haben, was ich wann mache, wen ich treffe und wann ich nichts tue, ist ein Teil von mir geworden.

Ich habe letzte Woche wieder ein Jobangebot bekommen. Ich freue mich sehr, dass meine ehemaligen Mitstreiter offensichtlich noch an mich denken. Aber ich weiß heute genau, dass ich mich nicht mehr an einen strikten Alltag binden werde. Zu schön sind die Erfahrungen der Selbstbestimmung. Zu vielseitig ist mein Alltag geworden, als dass ich wieder einen Großteil meiner Zeit für eine Arbeit verwende, die alle meine Ressourcen voll in Anspruch nimmt. Ich bin froh, dass ich heute diese Wahl habe. Denn mein neuer Lebensabschnitt hat gerade erst begonnen, da wird sicher noch viel Spannendes kommen.

RESÜMEE

Es ist eine große Umstellung von einem strikten, vorgegebenen Arbeitsalltag in diese neue Lebensphase der „Freiheit & Erfüllung“ einzutreten. Ich war überrascht und teilweise auch etwas überwältigt von all den neuen Möglichkeiten, die sich daraus für mich und meine Familie ergeben.

In vielen Ratgebern wird sehr detailliert empfohlen, sich auf genau diese Phase vorzubereiten, wie man Freiwilligenarbeit findet oder körperliche und finanzielle Vorsorgen trifft. Einiges davon war tatsächlich nützlich, aber der entscheidende Punkt ist die mentale und emotionale Umstellung. Ich bin sozusagen von der Wirklichkeit eingeholt und überrascht worden.

Daher lautet meine Empfehlung an Sie, liebe Leserin und lieber Leser, sich primär mit Freude auf diese Lebensphase einzulassen und das ganz eigene Potenzial daraus zu schöpfen. Dies gelingt umso leichter, je mehr man sich in den Jahren davor mit sich selbst befasst hat und bereits Ideen für die Zeit der Pension entwickelt hat. Daher empfehle ich jedem, ein Midlife-Coaching zu machen, wie ich es in einigen Kapiteln (Ich dachte ich bin vorbereitet; Die 5 Säulen für ein vitales und glückliches Alter; Wie und wann stellen wir die Weichen?) beschrieben habe. Aber egal, wie sie sich vorbereitet haben, gönnen Sie sich im ersten halben Jahr viel Muße nach dem Austritt aus dem organisierten Berufsleben, um sich auf diesen neuen Zustand überhaupt erst einzustellen. Und stürzen Sie sich nicht mit Volldampf in eine neue Aktivität. Wir waren so viele Jahrzehnte in großem Umfang fremdbestimmt. Das sitzt tief in unserem Unterbewusstsein und ist auf vielfältige Art und Weise, selbst in unseren Zellen, gespeichert. Das legt man nicht über Nacht ab.

Wenn Sie die Möglichkeit haben, lassen Sie sich nach dieser Phase coachen, um die richtige Balance und Strategie für Ihr neues Leben zu finden (siehe Die 5 Säulen für ein vitales und glückliches Alter). Suchen Sie sich einen älteren Coach oder eine ältere Coachin aus, die diese Erfahrungen bereits selber gemacht haben und lassen Sie sich von ihnen aus der Komfortzone holen. Das ist enorm befreiend und erhellend und wird Ihnen die Kraft geben, Ihr Alter genussvoll zu gestalten. Schauen Sie dorthin, wo Sie nicht in Balance sind und genießen Sie Ihre Selbstbestimmung und Berufung.

Sie finden in meinem Buch viele Anregungen von mir und auch jene, die ich selbst von unseren Freunden erfahren habe. Sie finden auch eine Reihe von ausgearbeiteten Fragen (siehe Vital & glücklich alt werden: Wie gehen wir es an?) und Fragen, auf die ich selbst teilweise noch keine Antwort gefunden habe. Da ich sie alle für wichtig halte, werde ich mich diesen Fragen zukünftig mit Sicherheit widmen. Wenn Sie sich auch diesen Fragen stellen und aus Ihrem Herzen beantworten, führt Sie der Weg zur Freiheit und Erfüllung und in weiterer Folge zu einem gelungenen Alter.

Ich bin dankbar für all das, was ich gerade erlebe, für alle Menschen, die bei mir sind und es mit mir teilen, die mich lieben und die ich liebe. Es gibt heute so viele Möglichkeiten, die unsere Gesellschaft geschaffen hat, um am Ball zu bleiben und uns weiterhin zu entwickeln. Mit positiven Emotionen und Spiritualität können wir auch in Zukunft und bis ins hohe Alter zur Familie und der Gesellschaft vieles beitragen. Daher haben wir die Verantwortung, das Allerbeste aus diesem Lebensabschnitt zu machen.

DANKSAGUNG

Viele Menschen haben zu diesem Buch beigetragen und allen möchte ich von Herzen danken, sei es, dass sie mich jahrelang begleitet haben, mich aktiv an der Erstellung des Buches unterstützt oder durch ihre Geschichten inspiriert haben:

Meinem Mann Robert, für seine unglaublich positive Lebenseinstellung und die Ermunterung, diese meine Erfahrung zu veröffentlichen. Er war auch mein Lektor und der erste, der dieses Buch zu lesen bekam.

Meinem Sohn Felix, für all die Einblicke in eine neue Generation, unsere inspirierenden Diskussionen und nicht zuletzt für die kreative Gestaltung dieses Buches.

Meiner Schwester Daya und meinen Freunden Mario, Franz und Anneliese, die sich bereit erklärt haben, dieses Buch vorab zu lesen und intensiv ihre Erkenntnisse daraus, sowie weitere Anregungen mit mir diskutiert haben. Ihr habt mich bestärkt, dass es einen Sinn macht, meine eigene Geschichte der Pensionierung darzustellen, ergänzt mit allgemeingültigen Anregungen, damit andere daraus neue Ideen schöpfen können.

Meiner gesamten Familie und Schwiegerfamilie. Ihr seid meine Basis, mein Zuhause. Mit euch macht es Freude, durchs Leben zu gehen und all die schönen und manchmal selbst die herausfordernden Momente zu erleben.

All meinen Freunden, die mich seit Jahren begleiten oder auch erst vor kurzem in mein Leben gekommen sind. Ihr seid es, die mich immer wieder bestärkt haben, meiner energetischen Leidenschaft nachzugehen und habt mich mit eurem Interesse unterstützt, meinem eigenen Weg zu folgen. Von euch habe ich aber auch gelernt, dass es ganz viele unterschiedliche Wege gibt, diesen neuen Lebensabschnitt zu gestalten. Die Gespräche und Erfahrungen von euch sind immer eine Bereicherung für mich.

Meinen großartigen Lehrern und Coaches, die so viel zu meinem Leben, meinem Glück und meinen Einsichten beigetragen haben. Ohne die vielen Seminare und Erfahrungen mit euch wäre dieses Buch wohl nie zustande gekommen.

Meinen Eltern, auch wenn sie es physisch nicht mehr hören können. Ihr habt mir so viel Freiheit in meiner Entwicklung gelassen und immer bestärkt darin, dass alles möglich ist, wenn es mir wichtig ist. Die Neugierde und die Art, auch mit Schwierigkeiten leicht klarzukommen, verdanke ich euch.

Meiner Lektorin, Dodo Kresse, du hast mich schon einmal liebevoll betreut, als wir das erste Buch gemeinsam herausgebracht haben. So ein Erstlingswerk war eine große Herausforderung. So viele Details waren mir damals nicht bewusst. Danke, dass du auch diesmal wieder für mich da warst.

Mein Dank geht auch an den Buchschmiede-Verlag und insbe-sondere an meine dortige Ansprechpartnerin für die profes-sionelle und freundliche Unterstützung.

DEFINITIONEN UND QUELLENANGABE

1 **Synchronizität:** Dieser Begriff wurde erstmals vom Schweizer Psychologen Carl Gustav Jung verwendet, um das Phänomen zu benennen, wenn zwei oder mehrere Ereignisse gleichzeitig auftreten, die nicht in einer äußeren, kausalen Beziehung stehen, die aber einen inneren Zusammenhang haben. Synchronizitäten sind wie ein Spiegel, der in der Außenwelt reflektiert, was wir im Inneren glauben. Dinge scheinen „wie von selbst" zu geschehen.

2 **Pension:** Ich beziehe mich hier auf das österreichische Pensionssystem, das eine Alterspension für alle Erwerbstätigen vorsieht, für meinen Jahrgang liegt er bei Frauen ab 60 und für Männer ab 65 (bei Beamten generell bei 65). Das österreichische Pensionssystem und auch die Begrifflichkeiten unterscheiden sich teilweise vom deutschen System, wo der Begriff Pension für Personen aus dem Staatsdienst zutrifft, während Angestellte eine Rente erhalten.

3 **Humanenergetik:** Energetik ist der Überbegriff für Methoden im sogenannten feinstofflichen Bereich. Die Grundannahme liegt darin, dass alles, was existiert, zuerst als Energie und Information vorhanden ist und sich dann als Materie zeigt. Abgeleitet von der Quantentheorie existiert alles entweder als Welle oder Teilchen. Energetik befasst sich mit der Wellenstruktur, bevor sie sich als Teilchen manifestiert. Durch Übertragung von Energie und Informationen können Muster verändert werden und so zu einer anderen materiellen Realität führen. In Österreich ist Energetik auch eine Berufsbezeichnung, die dem Heilpraktiker in Deutschland ähnlich ist.

4 Pražak, Helga: Business Energetik. Wie Sie mit Achtsamkeit und Intuition Ihren Berufsalltag meistern und Grenzen überwinden; Edition Summerhill (2017)

5 Pražak, Helga: Business Energetik. Wie Sie mit Achtsamkeit und Intuition Ihren Berufsalltag meistern und Grenzen überwinden; Edition Summerhill (2017); Intention Seite 231 ff

6 **Trigger:** Unter einem Trigger, englisch „Auslöser", versteht man in Medizin und Psychologie den Auslöser für einen Vorgang, der eine Empfindung, einen Affekt, ein Symptom oder eine Erkrankung auslösen kann. (Wikipedia) https://de.wikipedia.org/wiki/Trigger_(Medizin) (23.10.2019)

7 Fuchs, Anneliese: Wege zum Glück – IDEE Initiative für Dynamische Persönlichkeitsentwicklung (2018)

8 Beyreuther, Konrad; Seeling Luisa: Ruhestand ist eine Art Winterschlaf. Warum das menschliche Gehirn gerade im Alter gefordert werden will. Zeit Online (2011.05.26) https://www.zeit.de/2011/22/Hirnforschung (Stand: 2019.09.05)

9 Fuchs, Anneliese: Entwicklung der Person – Dynamik des Lebens; Verlag Styria (1996), Seite 145

10 Vestewig, Klaus: Krafttraining im hohen Alter; nicht schonen, sondern belasten; Südwest Presse; (2013.07.26) https://www.swp.de/sport/weitere-sportarten/krafttraining-im-hohen-alter_-nicht-schonen_-sondern-voll-belasten-20006445.html (Stand: 2019.09.05)

11 Peters, Markus: Gesundmacher Herz. Wie es uns steuert, verbindet und heilt. Der geniale Impulsgeber für Körper und Seele. VAK Verlag 2014; Seite 106-110

[12] Manoush Zomorodi; bored and brilliant; npr (2015.01.12) https://www.npr.org/sections/alltechconsidered/2015/01/12/376717870/bored-and-brilliant-a-challenge-to-disconnect-from-your-phone?t=1565959762014 (Stand: 2019.09.05)

[13] Kondo M.: Magic Cleaning: Wie richtiges Aufräumen Ihr Leben verändert; Rowolth Taschenbuch Verlag; 35. Auflage 2018

[14] Michael H. Kernis, Brian M. Goldman: A multicomponent conceptualization of authenticity. Theory and research, 2006

[15] Ware, Bronnie: 5 Dinge, die Sterbende am meisten bereuen. Einsichten, die Ihr Leben verändern werden. Goldmann Verlag, München (2015)

[16] Stern & Körber Stiftung 2012, Deutschland – forsa Studie „Alter neu erfinden – Altern in Deutschland" http://asset3.stern.de/media/pdf/Doppelseiten_Broschuere-forsa19.04.2012.pdf (Stand: 2019.09.05)

[17] Seniors4success: Plattform für Menschen vor und nach der Pensionierung. Umfrage: Was denken die Österreicher über die Pension: Befragung 2016 durch Telemark Marketing. http://www.seniors4success.at/umfragen-projekte/erhebungen-oesterreich/pensionsdenken-der-oesterreicher (Stand: 2019.09.05)

[18] forsa-Studie im Auftrag der Initiative Herzklappe zum gesellschaftlichen Beitrag von Senioren. https://www.presseportal.de/pm/138481/4438300 (Stand: 2019.11.24)

[19] Lipton, Bruce: Intelligente Zellen. Wie Erfahrungen unsere Gene steuern. KOHA Verlag (2016)

[20] Hüther, Gerald: Raus aus der Demenz-Falle! Wie es gelingen kann die Selbstheilungskräfte des Gehirns rechtzeitig zu aktivieren. Verlagsgruppe Random House (2017)

[21] Hüther, Gerald: Begeisterung – Doping für das Gehirn; Text gerald-huether.de, gefunden auf der Homepage: https://www.dr-peer.at/aktuelles/archiv/begeisterung-ist-doping-fuer-das-hirn/ und https://www.coaching-db.ch/2015/09/01/begeisterung-doping-f%C3%BCr-das-gehirn-prof-dr-gerald-h%C3%BCther/ (01.09.2015) (Stand: 2019.09.05)

[22] Gross, Peter, Wir werden älter. Vielen Dank. Aber wozu? Verlag Herder 2013

[23] Waldinger, Robert; The Harvard Gazette: Good genes are nice, but joy is better. (2017.04.11) https://news.harvard.edu/gazette/story/2017/04/over-nearly-80-years-harvard-study-has-been-showing-how-to-live-a-healthy-and-happy-life/

[24] Northrup Christiane, M.D.; Deep Into the Heart: Healing Your Relationship with Your Mother; The Tapping World Summit 2019 https://www.thetappingsolution.com/blog/the-tapping-world-summit-2019/ (2019.03.02)

[25] Northrup Christiane, M.D: Mother-Daughter Wisdome https://www.drnorthrup.com/mother-daughter-overview/ (Stand 2019.09.05)

[26] Church, Dawson: Geist über Materie: Die erstaunliche Wissenschaft, wie das Gehirn die materielle Realität erschafft; Momanda (2018)

[27] Fuchs, Anneliese; Gehmacher, Ernst: Wege zum Glück; IDEE Initiative für Persönlichkeitsentwicklung (2018) Seite 125

[28] Silver Greta; Die neue Generation Alter; https://vorsorge-vorbilder.de/aktuelles (Stand: 2019.09.05)

[28] **Nocebo**: das Gegenteil von Placebo, also die Überzeugung, dass etwas nicht wirkt.

[28] Sheldrake, Rupert; Fox Matthew: Engel, die kosmische Intelligenz; Schirmer Verlag Darmstadt (2009)

[28] **Energetiker:** Berufsbezeichnung in Österreich mit einem ähnlichen Arbeitsspektrum wie Heilpraktiker

[29] Betz, Robert: Ohne die Liebe ist alles nichts; Pulsar 5/2019

[30] Frederickson, Barbara: L*ove 2.0: Finding Happiness and Health in Moments of Connection.2013* – Deutsch: Die Macht der Liebe, Campus Verlag 2014

[31] Sheldrake, Rupert; Fox, Matthew: Engel- die kosmische Intelligenz; Schirner Verlag (2009)

[32] Huber, Johannes; Es Existiert. Warum wir an Selbstheilung, Schutzengel und die Aura glauben können. Goldmann (2018) S. 179-184

DIE AUTORIN

DI. Dr. Helga Pražak-Reisinger

Human- & Business-Energetik, Coaching, Unternehmensberatung

Ich bin Spezialistin für persönliche und berufliche Veränderungen durch energetische Weichenstellung und führe Personen wieder in ihre persönliche Kraft und ihr Strahlen. Meine Arbeit blickt hinter den rationalen Alltag und bewirkt so völlig neue Möglichkeiten, die das Leben leichter und einfacher gestalten.

Nach dem Studium der Biotechnologie, und mehreren Jahren in der Wissenschaft, war ich über 30 Jahre Top-Managerin in einem internationalen Konzern der Energiebranche und zuständig für Gesundheit, Sicherheit, Security, Umweltschutz sowie alternative Energien.

Seit 20 Jahren befasse ich mich mit Energetik, den feinstofflichen, subtilen Energieformen von Menschen, sowie mit Quantenphilosophie, Meditation und Spiritualität. Nach dem Ausscheiden aus dem Konzernleben widme ich mich nun ganz der Energetik. Ich bin selbständig als Coachin und Unternehmensberaterin, Vortragende und Autorin tätig.

Weitere Informationen www.prazak.cc

BUSINESS ENERGETIK

Wie Sie mit Achtsamkeit und Intuition Ihren Berufsalltag meistern und Grenzen überwinden

Helga Pražak

edition summerhill
ISBN 978-3-9504233-6-5 (Print)
ISBN 978-3-950 4233-9-6 (ebook)

BUSINESS und ENERGETIK sind für viele zwei völlig verschiedene Welten. Die eine geprägt durch Ratio, Messbarkeit und Fakten, die andere wirkt mystisch und ungreifbar. Aber die Energetik ermöglicht den Zugang zu jenen Räumen und Mustern, die hinter unserem Alltag stehen und die Realität bestimmen.

Helga Pražak-Reisinger gelingt in diesem Buch die Verschmelzung dieser beiden Welten. Sie öffnet damit eine völlig neue Business- und Arbeitswelt, in der Emotion, Dankbarkeit und selbst Liebe keine Fremdworte mehr sind, ohne den wirtschaftlichen Erfolg aus den Augen zu verlieren. Sie greift dabei auf viele Jahrzehnte von Erfahrung im Wirtschaftsleben und als Energetikerin zurück. Ihre Konzepte hinterlegt sie mit wissenschaftlichen Ansätzen und zeigt einen achtsamen, intuitiven Weg mit zahlreichen, einfachen Übungen.

Ihr Credo: der Alltag muss menschlich, fröhlich, sinnvoll und erfolgreich sein. Das ideale Buch für alle, die ihn so erleben wollen. Ein wahrer Game-Changer!